Andrea Coppola

BLENDER
La guida definitiva

VOLUME 3

Sommario

I

IV

1
INTRODUZIONE

1.1. Nuovi orizzonti

Ben trovati in questo terzo volume di Blender - La guida definitiva, in cui entreremo ancora di più nel vivo della modellazione, utilizzando nuovi metodi, come la scultura della *mesh*; nell'ambiente di *Compositing*, in cui potremo intervenire nei nostri *render* in post produzione; e nel grande mondo della fisica, delle simulazioni e degli effetti speciali, in cui impareremo a rappresentare filamenti, oggetti emettenti particelle, oggetti rigidi o molli in caduta libera, collisioni, esplosioni, fuoco, fiamme, fluidi, oggetti che si fratturano, simulazioni delle forze esterne, come magnetismo, vento, vortici, e altri fantastici argomenti.

Questi nuovi orizzonti influenzeranno notevolmente la nostra immaginazione più fervida. Potremo simulare e realizzare esplosioni, oceani, neve e tempeste, fontane, vestiti...

fig. 1 le fontanelle e gli spruzzi d'acqua sono state realizzate con la simulazione dei fluidi, tra gli oggetti di questa trattazione

3

Crediamo che già da questa introduzione, stiate fantasticando sulle vostre prossime magnifiche creazioni.

E avete ragione!

Nella prima parte di questo volume, entreremo quindi nel mondo della fisica e delle simulazioni. Un inizio scoppiettante!

Successivamente, dopo aver imparato a gestire i vertici di una *mesh* con i metodi del *Vertex Paint* e del *Weight Paint*, utili per diverse applicazioni, entreremo nel mondo del sistema particellare in cui potremo creare capelli, peli, filamenti d'erba, ma anche emissioni di particelle luminose, piuttosto che neve, pioggia, meteoriti e quant'altro.

Nella terza parte parleremo a fondo del *Compositing* e della post produzione dei *render*, imparando a utilizzare tutti gli strumenti necessari per migliorare le immagini.

A questo punto possiamo iniziare. Come sempre, buona lettura e buon lavoro!

2

LA DINAMICA DEI CORPI RIGIDI, FISICA E SIMULAZIONI

2.1. Introduzione al tab Physics, ai modificatori Simulate e al menu Quick Effects

Abbiamo raggruppato questi tre argomenti in un unico capitolo, benché non esattamente parte di un medesimo argomento, per seguire l'impostazione dell'interfaccio di Blender.

In effetti, parlare di meccanica dei corpi rigidi non ha molto a che vedere con la simulazione di una fiamma o di un moto ondoso.

Tuttavia tutti questi argomenti possono essere racchiusi nel grande campo della fisica che Blender include in un unico *tab* della finestra *Properties*: **Physics**.

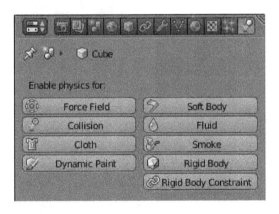

fig. 2 il *tab Physics* della finestra *Properties*

Questo *tab* è attivabile dall'ultima icona sulla destra, che rappresenta una pallina che rimbalza.

Come si vede, in questo *tab* sono contenuti 9 effetti della fisica, se così possono essere definiti, che, tuttavia, vedremo non essere gli unici.

7

Gli effetti della fisica attivabili da questo *tab* sono: *Force Field*, che gestisce le simulazioni delle forze naturali; *Collision* che imposta un oggetto come collisione per altri; *Cloth* che assegna a una *mesh* caratteristiche e comportamenti simili a quelli di un tessuto; *Soft Body*, che simula il comportamento di oggetti molli; *Fluid*, che simula il comportamento di fluidi; *Smoke*, che permette di creare effetti volumetrici come fumo e fuoco; *Rigid Body* che inserisce un oggetto nel mondo della dinamica dei Corpi Rigidi.

Oltre a questi troviamo altri due pulsanti (*Dynamic Paint* e *Rigid Body Constraints* che vedremo più avanti).

A causa della continua evoluzione, nonché per l'impostazione di Blender, tutti questi effetti fisici e di simulazione e anche altri sono contenuti anche nel *tab Modifiers*, nella sezione *Simulate* e nel sottomenu *Quick Effects* del menu *Object* all'interno della 3D view.

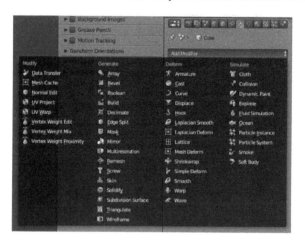

fig. 3 i modificatori *Simulate*

Oltre a simulatori già presenti e attivabili nel *tab Physics*, tra i simulatori troviamo anche *Explode*, che simula esplosioni; *Ocean* che crea una vasta distesa d'acqua con tanto di onde e schiuma; nonché il sistema particellare (*Particle System*) che analizzeremo dettagliatamente più avanti nel corso di questo volume.

8

fig. 4 il sottomenu *Quick Effects*

Il sottomenu *Quick Effects* permette di creare velocemente quattro simulazioni: *Quick Fur* (una pelliccia da gestire col sistema particellare); *Quick Explode* (un'esplosione); *Quick Smoke* (fumo e/o fuoco); *Quick Fluid* (la simulazione di un fluido).

Oltre a questi tratteremo un ulteriore e utile effetto della fisica, attivabile dall'*Addon Cell Fracture* che simula la rottura di oggetti a seguito di caduta dall'alto o di urto o collisione con latri oggetti.

Consigliamo quindi di attivare dalle preferenze all'*addon Cell Fracture* che posizionerà l'omonimo pulsante nel pannello *Edit* della *Tools Shelf* della 3D view. Ricordate di salvare lo *Startup File*.

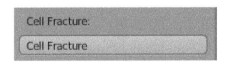

fig. 5 il pulsante *Cell Fracture*

In ogni caso, nonostante Blender sparga e raggruppi qua e là simulazioni, effetti speciali e dinamiche fisiche, cercheremo di fare ordine suddividendo gli argomenti per paragrafi ben definiti, a cominciare con la **Dinamica dei Corpi Rigidi.**

Per prima cosa, facciamo un rapido passo indietro, ricordando che abbiamo impostato nel progetto globale di *default*, che l'intera scena sarò soggetta a forza di gravità.

Nel *tab Scene*, infatti dovrebbe essere attivo il pannello *Gravity* in cui il vettore Z è impostato a -9.81 m/s^2, vale a dire l'accelerazione di gravità.

fig. 6 il pannello *Gravity* nel *tab Scene*

2.2. Introduzione alla Dinamica dei Corpi Rigidi

2.2.1. Cenni sulla Legge di Attrazione Gravitazionale

Senza entrare troppo nello specifico della fisica e delle complesse formule matematiche, ognuno di noi è perfettamente a conoscenza che ogni oggetto, lasciato cadere nel vuoto, subisce una accelerazione detta di gravità, pari, appunto, a 9.81 m/s^2.

La gravità, di fatto, è l'attrazione che è una forza di attrazione che esiste fra due qualsiasi masse, corpi o particelle. Si pensi ad esempio all'attrazione fra gli oggetti e la Terra, o fra i pianeti. **Isaac Newton** (1642 - 1727) scoprì che per cambiare la velocità o la direzione del moto di un oggetto era necessaria una forza.

Si rese anche conto che quella forza fosse la responsabile della caduta dall'albero sul suo capo di quella famosa mela (anche se si ritiene fosse soltanto un motto), e del fatto che uomini, animali e oggetti vivono e insistono sulla superficie del nostro pianeta in rotazione senza esserne scagliati via. Dedusse quindi che l'attrazione gravitazionale esistesse fra tutti i corpi.

Le "leggi" di Newton sulla gravità sono descrizioni matematiche del modo in cui i corpi si attraggono l'un l'altro, basate su molte osservazioni ed esperimenti scientifici.

La **Legge di Newton** recita che *la forza gravitazionale che si esercita fra due oggetti qualsiasi è proporzionale al prodotto delle loro masse (m_1 e m_2), e inversamente proporzionale al quadrato della loro distanza (r)*. In formula:

$$F = G\ m_1\ m_2\ /\ r^2,$$

dove G è chiamata *Costante Gravitazionale* ed è pari a:

$$6,6726 \times 10^{-11}\ m^3\ kg^{-1}\ s^{-2}.$$

11

L'effetto della gravità di estende da ogni corpo in tutte le direzioni dello spazio, e fino a distanza teoricamente infinita. Tuttavia, la sua intensità si riduce molto velocemente all'aumentare della distanza.

Gli esseri umani non si rendono conto dell'attrazione gravitazionale del Sole su di loro, perché alla distanza della Terra dal Sole essa è piccolissima. Tuttavia è la gravità solare che mantiene la Terra nella sua orbita. Non ci rendiamo nemmeno conto dell'attrazione della gravità lunare sui nostri corpi, ma essa è responsabile delle maree oceaniche.

Blender è in grado di simulare molto bene questa legge fisica a tutti gli oggetti della scena. Vediamo come.

2.3. Rigid Body

Partiamo dal *Rigid Body*, che, rifacendosi alla dinamica dei corpi rigidi, consente di simulare la caduta di oggetti dall'alto.

Si noti che modificando i valori dal pannello *Gravity* del *tab Scene*, il comportamento di caduta degli oggetti può essere personalizzato, simulando addirittura l'accelerazione di gravità lunare, la repulsione verso l'alto, o spostamenti diagonali.

> **NOTA: Tutti i simulatori della fisica possono essere tra loro interagenti. Ad esempio un forte vento può influenza la caduta di un oggetto dall'alto.**

Appare subito chiaro che, al fine di ottenere una simulazione della fisica, il fattore *tempo* è fondamentale. La modifica della posizione di un oggetto in caduta, o la trasformazione e la deformazione della sua forma sono soggette al trascorrere del tempo.

Sappiamo già, benché tratteremo di questo vastissimo argomento nel quarto volume, come lanciare breve animazioni grazie alla finestra *Timeline*. Ne faremo uso durante l'espletamento delle nozioni di questi capitoli.

 ESERCIZIO n. 1: UN CUBO CHE CADE E RIMBALZA

Per prima cosa creiamo una semplice scena che sarà sottoposta alla Dinamica dei Corpi Rigidi.

Inseriamo un cubo e ruotiamolo a piacimento attorno ai tre assi. Inseriamo quindi due piani inclinati e una scatola vuota, realizzata con un cubo senza una faccia. Ci raccomandiamo di dare uno spessore alle pareti della scatola con il modificatore *Solidify*.

Grossomodo dovreste aver ottenuto una scena simile a quella in figura.

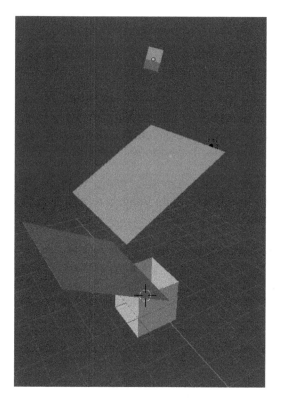

fig. 7 la scena

Il nostro intento è quello di far cadere nel vuoto il cubo, farlo rimbalzare e rotolare prima sul piano inclinato più in alto, quindi su quello più in basso, infine finire dentro alla scatola.

Selezioniamo il cubo, andiamo nel *tab* **Physics** e clicchiamo sul pulsante **Rigid Body**.

Analizzeremo nel dettaglio tutti i parametri di questo simulatore al termine del presente esercizio, in modo che la sua principale funzione sia ben chiara.

Per il momento, non dovremo fare altro che assicurarci che il menu *Type* del pannello **Rigid Body** sia impostato su *Active*.

Questa impostazione indica a Blender che l'oggetto selezionato sarà attivo rispetto al mondo fisico e quindi soggetto alla forza di gravità o delle eventuali impostazioni personalizzate assegnate nel *tab Scene*.

Il contorno del cubo si colorerà di verde, ad indicare che è un oggetto influenzato dalla fisica.

Selezioniamo ora uno dei due piani. Assegniamogli la simulazione *Rigid Body* e cambiamo il *Type* in *Passive*.

Tale impostazione renderà l'oggetto influente rispetto a quelli attivi, agendo come collisione o semplicemente come fine corsa.

Impostiamo *Rigid Body Passive* anche sul secondo piano inclinato e sulla scatola.

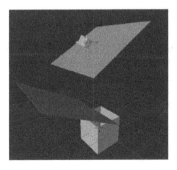 

fig. 9 la caduta del cubo

A questo punto lanciamo l'animazione dalla *Timeline* digitando ALT + A.

Il cubo inizierà a cadere dall'alto, battere sul primo piano inclinato, rimbalzare e rotolare lungo la retta di massima pendenza, per poi cadere nuovamente, urtare il secondo piano inclinato, rotolare e infine terminare la sua corsa sul fondo della scatola. Ma c'è un problema: il cubo sbatterà su una barriera invisibile nella sommità della scatola e schizzerà via.

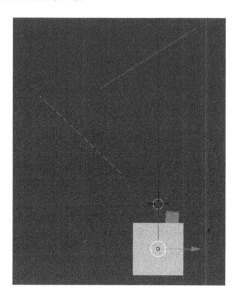

fig. 10 il cubo non entra nella scatola e schizza al di fuori

Questo perché è necessario impostare il parametro Shape dell'oggetto passivo come *mesh*, in modo che Blender consideri la reale forma dell'oggetto e non il suo semplice ingombro.

fig. 11 impostazione del menu *Shape* come *Mesh*

Nel pannello **Rigid Body Collisions** impostiamo *Shape* come *Mesh*. Lanciamo nuovamente l'animazione. Questa volta il cubo entrerà nella scatola rotolando e si adagerà sul fondo.

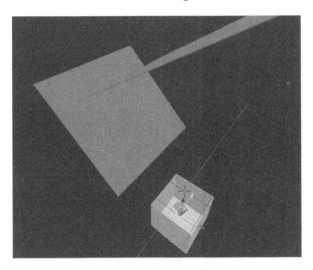

fig. 12 il cubo entrerà nella scatola terminando la sua caduta sul fondo

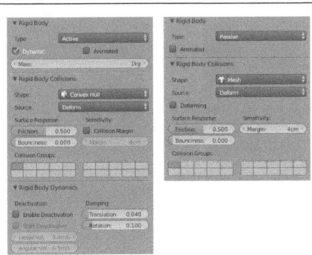

fig. 13 i pannelli della fisica *Rigid Body* in modalità *Active* (a sinistra) e *Passive* (a destra)

Dopo aver eseguito questa semplice esercitazione passiamo allo studio dei pannelli che compongono l'ambiente *Rigid Body*.

I pannelli e i parametri variano a seconda del tipo di corpo rigido sia stato impostato, cioè se attivo (*Active*) o passivo (*Passive*).

2.3.1. *Rigid Body Active*

Impostato come *Active* il tipo (*Type*) di corpo rigido, si attivano 3 pannelli dedicati: *Rigid Body*, *Rigid Body Collision* e *Rigid Body Dynamics*.

Vediamo i parametri dei pannelli nel dettaglio:

Il pannello **Rigid Body** riassume le caratteristiche principali del corpo rigido.

Come detto *Type* determina la natura attiva o passiva del corpo.

La spunta *Dynamic* consente di attivare o disattivare la partecipazione del corpo rigido alla simulazione. Se disattivato, l'oggetto non cadrà nel vuoto.

La spunta *Animated* permette all'oggetto di poter essere controllato dalle dinamiche prodotte da un'animazione, come vedremo con un successivo esempio.

Il contatore *Mass* determina il "*peso*" dell'oggetto, ossia quanto viene influenzato dalla forza di gravità. Di *default* questo parametro è impostato a 1.

Il pannello **Rigid Body Collision** regola in che modo il corpo rigido si comporterà quando entrerà in collisione con altri oggetti.

Il menu *Shape* definisce alla fisica la forma dell'oggetto in modo che questo possa comportarsi in modo corretto rispetto alla sua geometria durante le collisioni.

fig. 14 il menu *Shape*

- *Mesh* è indicato per forme poligonali complesse o cave;

- *Convex Hull* per forme a basso contenuto poligonale, molto approssimato;

- *Cone* se si tratta di un oggetto dalla forma rapportabile a un cono;

- *Cylinder* se associato a un oggetto di forma cilindrica;

- *Capsule* è consigliato da impostare sulle *Metaball*;

- *Sphere* per oggetti di forma sferica;

- *Box* per oggetti di forma regolare rapportabile a un cubo o un parallelepipedo regolare.

19

Il menu *Source* permette all'utente di specificare la forma originale della *mesh* in funzione dell'oggetto in collisione. È possibile scegliere:

- *Base*, la mesh base dell'oggetto;

- *Deform*, che considera eventuali deformazioni applicate alla *mesh*, come ad esempio i modificatori di tipo *Deform*;

- *Final*, che considera ogni tipo di modificatore.

La sezione *Surface Response* è molto importante e raggruppa due fattori determinanti per il comportamento di un oggetto in collisione, vale a dire l'attrito (*Friction*), definito da un cursore che ammette valori da 0 a 1; e l'elasticità, quindi l'attitudine a rimbalzare (*Bounciness*), definito da un secondo cursore con valori tra 0 e 1.

La sezione *Sensitivity* contiene la spunta *Collision Margin*, che attiva un contatore che permette di definire la distanza dalla superficie entro la quale verrà considerata l'effettiva collisione dell'oggetto con un oggetto passivo.

Collision Groups permette di allocare le collisioni di una scena fino in 20 differenti gruppi.

Il terzo pannello, **Rigid Body Dynamics** è disponibile solo per gli oggetti *Rigid Body Active*.

Se abilitata, la spunta *Enable Deactivation* disattiva lo stato di corpo rigido. Consente quindi all'oggetto di essere disattivato durante la simulazione (migliora le prestazioni e la stabilità, ma può causare difetti). La spunta attiva altre opzioni tra cui la spunta *Start Deactivation* che effettivamente disabilita lo stato di corpo rigido. Con entrambe le spunte attivate, infatti, l'oggetto non subirà l'effetto della gravità o delle forze esterne, ma permettono di essere attivati se entrano in collisione con oggetti esterni. Faremo a breve un esempio chiarificatore.

20

Due parametri sono legati alla spunta *Start Deactivation*: *Linear Vel* e *Angular Vel*, che specificano rispettivamente la velocità di disattivazione lineare e angolare, al di sotto delle quali il corpo rigido è disattivato e la simulazione si arresta.

L'ultima sezione, *Damping*, regola l'attenuazione dell'effetto di corpo rigido. Vi sono due parametri, regolati da altrettanti cursori (valori tra 0 e 1): *Translation* e *Rotation*, che calcolano rispettivamente la quantità di velocità lineare e angolare che si attenuano nel tempo.

 ESERCIZIO n. 2: DUE OGGETTI ATTIVI IN COLLISIONE

In questo esempio molto semplice faremo in modo che due oggetti attivi entrino tra loro in collisione, provocando gli effetti dell'urto, come rimbalzi e spostamenti.

Inseriamo nella scena un piano e impostiamolo come *Rigid Body Passive*.

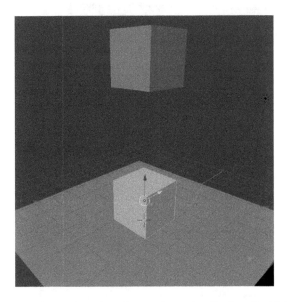

fig. 15 il cubo a terra è un *Rigid Body Active* con le spunte attivate su *Enable Deactivation* e *Start Deactivation*

Inseriamo quindi due cubi, di cui il primo poggi sul piano e sia impostato come *Rigid Body Active* e spuntando *Enable Deactivation* e *Start Deactivation*; e un secondo, sollevato rispetto al primo, impostato sempre come *Rigid Body Active*, ma senza che siano attivate le spunte relative alla dinamica.

Lanciando l'animazione con ALT + A, il secondo cubo cadrà nel vuoto, andando a urtare il cubo poggiato a terra, attivo sì, ma in stato di quiete.

Una volta urtato, il cubo a terra subirà il contraccolpo, rimbalzando e traslando rispetto alla posizione corrente, per poi ritornare in stato di quiete.

Provate a variare i parametri relativi all'attrito e all'elasticità degli oggetti nella scena, nonché i valori di *Damping* del cubo a terra per assistere a diversi comportamenti a seguito della collisione.

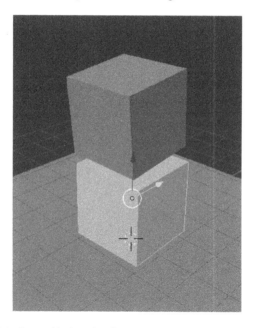

fig. 16 i due cubi si urtano sobbalzando e il cubo a terra perde lo stato di quiete

2.3.2. *Rigid Body Passive*

Se impostato come oggetto di collisione (*Rigid Body Passive*) il pannello *Rigid Body Dynamics* perderà ovviamente di significato e non verrà visualizzato nel *tab*.

Anche nel pannello *Rigid Body* non comparirà più il contatore *Mass*, in quanto ininfluente: un corpo rigido passivo non cade nel vuoto.

2.3.3. Il *tab Scene* relativo al *Rigid Body*

Le impostazioni globali della scena, relativamente alla gravità si trovano nel *tab Scene* e, in particolare, all'interno di tre pannelli: *Rigid Body World*, *Rigid Body Cache* e *Rigid Body Field Weights*.

Il pannello **Rigid Body World** è attivato di *default* e abilita all'interno della scena gli effetti della gravità sugli oggetti in cui è stato attribuito lo stato di *Rigid Body*.

In questo pannello, inoltre vi sono i parametri che consentono di regolare la precisione di calcolo di tali effetti di dinamica.

Il pulsante *Remove Rigid Body World* annulla gli effetti del *Rigid Body* da tutti gli oggetti presenti nella scena e li riporta al loro stato iniziale di inserimento.

Speed definisce invece la velocità di esecuzione (di *default* pari a 1), accelerandola o rallentandola, anche in modo dinamico, ricorrendo ai *keyframe*, che abbiamo già evidenziato nel volume 1 e che vedremo dettagliatamente nel volume 4, riferendoci alle animazioni.

fig. 17 i pannelli *Rigid Body* del *tab Scene*

24

I cursori *Steps Per Seconds* (0 – 1000) e *Solver Iterations* (10-100) definiscono la precisione della dinamica e delle iterazioni fra oggetti (collisioni).

Spuntando *Split Impulse* Blender tenterà invece di ridurre accelerazioni non previste e non volute tra oggetti in collisione.

Il menu *Group* mostra l'ambito *Rigid Body* (di default *Rigid Body Group*) in cui partecipano gli oggetti nella scena.

In *Constraints* è possibile inserire un gruppo di *Rigid Body* concatenato a quello in uso.

Il pannello **Rigid Body Cache** gestisce la memoria e i *frame* dell'animazione relativi al calcolo della dinamica.

Start e *End* si riferiscono ai fotogrammi della *Timeline* e definiscono il fotogramma di inizio e fine dell'animazione della dinamica.

Il pulsante *Bake* permette di eseguire il calcolo dell'animazione senza lanciarla nella *Timeline* e salvando i fotogrammi nella *cache*.

Alla pressione del pulsante si avvia il rapido calcolo e il pulsante, al termine, cambia nome in *Free Bake*, consentendo di annullare l'operazione.

Bake All Dynamics esegue il *Bake* su tutti le simulazioni dinamiche attivate nella scena.

Free All Bakes svuota la *cache* dopo il calcolo eseguito per tutte le dinamiche animate.

Calculate To Frame esegue il *Bake* (il calcolo del fotogramma) alla posizione del *frame* corrente.

Bake From Cache esegue il *Bake* dalla *cache* salvata.

25

Infine *Update All Frames* aggiorna tutti i *Bake* di tutte dinamiche in caso di modifiche.

L'ultimo pannello, **Rigid Body Field Weights**, su cui lavoreremo più in là, definisce in che quantità gli agenti esterni avranno effetto sulle determinate fisiche.

Ad esempio, inserendo un vento diagonale molto forte nella scena, questo influenzerà la caduta dall'alto di un oggetto *Rigid Body* deviandone il percorso.

Il "*peso*" (Weight) delle varie eventuali forze esterne (*Field*), inclusa la gravità (*Gravity*) può essere impostato in modo indipendente nei relativi cursori ad esse dedicate a mezzo di un parametro che varia da 0 (nessun peso) a 1 (influenza massima). Di *default*, tutti i pesi sono impostati a 1.

 ESERCIZIO n. 3: AZIONE E INFLUENZA DEL VENTO SUL RIGID BODY

Anticipiamo il concetto di *Field* per chiarire il concetto precedente.

In una nuova scena, inseriamo un cubo e solleviamo dopo averlo impostato come *Rigid Body Active*, e un piano come *Passive*. inseriamo ora una forza esterna vento. Per farlo, nella 3D View, digitiamo con SHIFT + A, dal gruppo *Force Field* un *Wind*.

Nella scena, in corrispondenza del *3D Cursor* verrà inserito un oggetto, composto da una freccia al centro di cerchi concentrici che rappresenta il vento.

Ruotiamolo attorno all'asse *y* di 90° digitando R, Y, 90 e posizioniamolo lateralmente rispetto al cubo.

Nel *tab Physics*, nel pannello *Force Field*, con il vento selezionato, impostiamo la forza (Strength) a 100.

fig. 18 inserimento del vento nella scena

fig. 19 impostazione dell'intensità del vento

27

Lanciamo l'animazione con ALT + A.

Il cubo inizierà a cadere, ma non in verticale, ma, spinto dalla forza del vento, in diagonale e rotolerà sul piano.

fig. 20 effetto dell'influenza del vento nella dinamica

2.3.4. Il *tab Physics* nella *Tools Shelf* della 3D view

Ulteriori strumenti relativi al *Rigid Body*, ma in generale a tutta la fisica) sono disponibili nel *tab Physics* sito nella 3D view.

Tale *tab* è suddiviso in un unico pannello (**Rigid Body**) in cui è possibile, selezionato un oggetto nella scena:

- aggiungere la proprietà di *Rigid Body Active* (pulsante *Add Active*);

- aggiungere la proprietà di *Rigid Body Passive* (pulsante *Add Passive*);

- rimuovere da un oggetto selezionato una precedentemente assegnata fisica *Rigid Body* (*Remove*);

Nella sezione *Object Tools* è possibile inoltre:

- indicare il tipo di forma da considerare sull'oggetto (*Change Shape*) tra *Mesh*, *Cone*, *Cylinder*, *Sphere*, *Capsule*, *Box* e *Convex Hull*);

28

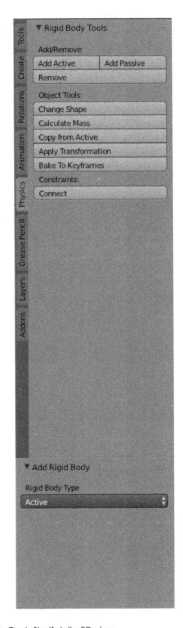

fig. 21 il *tab Physics* sito nella *Tools Shelf* della 3D view

- assegnare una massa predefinita e scelta dalla lunga lista del menu a tendina) all'oggetto selezionato (*Calculate Mass*);

- copiare le stesse impostazioni di *Rigid Body* da uno o più oggetti selezionati dall'oggetto attivo della selezione, ovvero l'ultimo selezionato (*Copy From Active*);

- applicare in un determinato fotogramma della *Timeline* (*Apply Transformation*) la trasformazione (l'effetto della caduta o degli elementi esterni influenti al *Rigid Body*);

- congelare (e quindi eseguire il calcolo) al fotogramma l'animazione derivata dalla natura di *Rigid Body* (*Bake To Keyframe*).

Nella sezione *Constraints*, infine, è disponibile l'opzione *Connect* che consente di creare un legamento fra due o più oggetti *Rigid Body* in modo. I corpi connessi, nella 3D view, saranno visualizzati collegati da linee tratteggiate nere connesse a terne di assi cartesiani locali.

Nel prossimo capitolo, Rigid Body Constraints, analizzeremo in dettaglio gli effetti e l'utilizzo di questo tipo di concatenazione.

2.4. Rigid Body Constraints

Rigid Body Constraints fa in modo che più oggetti, facenti parte la dinamica dei corpi rigidi, siano tra loro legati a mezzo di un vincolo (rappresentato con una terna di assi verde). Graficamente, nella 3D view, gli oggetti concatenati sono connessi al vincolo con una linea nera tratteggiata.

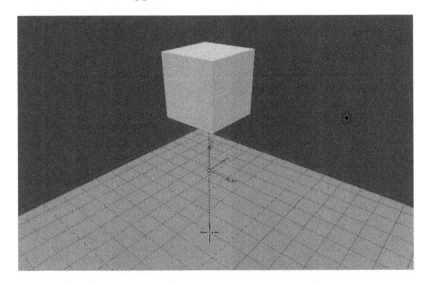

fig. 22 collegamento di due oggetti *Rigid Body* a un vincolo

Il modo più rapido, come spiegato alla fine del capitolo precedente, è selezionare gli oggetti e cliccare sul pulsante *Connect* posto al pannello **Rigid Body** della **Tools Shelf**.

Il nuovo vincolo (l'*Empty* verde) sarà creato automaticamente.

Nella parte inferiore del *tab Physics* della *Tool Shelf* si attiva una regione (*Connect Rigid Bodies*) dalla quale determinare la tipologia e la funzione del vincolo.

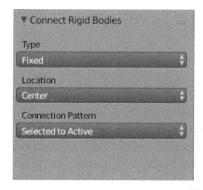

fig. 23 la regione *Connect Rigid Bodies* nella *Tools Shelf*

In tale regione sono disponibili tre menu, i cui parametri sono direttamente legati a quelli contenuti nel pannello **Rigid Body Constraints** del *tab* Physics della finestra *Properties (vedi nel prossimo paragrafo)*.

Nel menu *Type* si determina la tipologia di vincolo assegnato 8 opzioni:

- *Fixed* incolla i corpi rigidi tramite il vincolo, fissando su questo la posizione relativa e l'orientamento. In questo modo gli oggetti si muoveranno all'unisono;

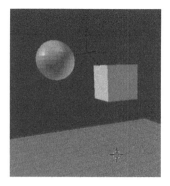

fig. 25 il cubo e la sfera, uniti nel vincolo, cadono dall'alto partendo da altezze diverse (a sinistra). All'urto con il pavimento (*Passive*) il cubo (più basso in partenza) subisce l'influenza dell'impatto ritardato della sfera)

- *Point* vincola i corpi rigidi in modo da muoversi attorno a un comune *pivot*;

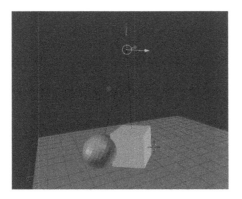

fig. 26 il vincolo funge da gancio e gli oggetti da esso vincolati cadono e rimbalzano ruotando e oscillando rispetto al vincolo

- *Hinge* consente la sola rotazione del vincolo attorno all'asse z. Funge da cerniera che consente un grado di libertà tra i due oggetti (la rotazione appunto). Gli oggetti non trasleranno nel movimento;

fig. 27 il vincolo funge da cerniera tra gli oggetti

- *Slider* limita il movimento del vincolo lungo il solo asse x e non consente rotazioni relative;

33

- *Piston* limita il vincolo del corpo rigido alla sola rotazione e alla sola traslazione rispetto all'asse x;

fig. 28 impostando il vincolo come *Generic*, i due oggetti (che cadono da altezze diverse) cadono a terra uno dopo l'altro senza subire rotazioni o traslazioni

- *Generic* limita il vincolo alla sola rotazione e alla sola traslazione secondo un asse specifico indicato;

- *Generic Spring* limita traslazione e spostamento del vincolo del *Rigid Body* secondo gli assi specificati con molle, generando un movimento molleggiato. I limiti dello smorzamento delle molle, secondo gli assi e secondo la rotazione possono essere impostati nel pannello *Rigid Body Constraints* nel *tab Physics* della finestra *Properties* (particolarmente nella sezione *Springs*, in cui si determinano l'elasticità *Stiffness* e lo smorzamento *Damping*);

- *Motor* guida il corpo rigido attorno o lungo un asse.

2.4.1. Il pannello *Rigid Body Constraints* del *tab Physics* nella finestra *Properties*

In questo pannello è possibile gestire diverse opzioni comportamentali del vincolo assegnato.

34

I parametri si presentano in quasi tutti i *Type* di vincolo.
Verranno quindi elencate tutte le opzioni disponibili.

fig. 29 i parametri relativi ai vincoli nel pannello *Rigid Body Constraints* del *tab Physics* nella
finestra *Properties*

- *Enabled* se il vincolo è attivo durante la simulazione;

- *Disable Collisions* disabilita la collisione fra gli oggetti vincolati in
  modo da oltrepassarsi;

- *Object 1* e *2* selezionano i due oggetti da concatenare;

- *Breakable* consente al vincolo di spezzarsi durante la
  simulazione, la cui soglia *Threshold* determina il limite oltre il
  quale avverrà la rottura;

- *Override Iterations* permette ai vincoli di risultare più o meno
  saldi;

35

- *Iterations* definisce il numero di iterazioni sul vincolo per una corretta simulazione;

- *Limits* vincola ulteriormente gli oggetti specificando un campo di rotazione e traslazione rispetto ad un asse o per ciascun asse. Per bloccare un asse, impostare il parametro su 0;

- *Spring* attiva e disattiva l'effetto molla rispetto ai tre assi. Contestualmente i parametri *Stiffness* (elasticità) e *Damping* (smorzamento) definiscono il comportamento oscillatori della molla secondo le direzioni degli assi.

2.5. Soft Body

A differenza della dinamica *Rigid Body*, *Soft Body* (corpo elastico) considera la struttura dell'oggetto come deformabile sotto l'azione della gravità, di forze esterne, della massa e delle collisioni.

Il concetto metodologico fondamentale affinché la simulazione *Soft Body* funzioni correttamente è che la geometria dell'oggetto debba essere sufficientemente elevata. Si necessita, cioè, di un certo numero di vertici affinché la deformazione possa avere luogo.

Con questa simulazione dinamica è possibile realizzare oggetti di natura deformabile, non rigida, come budini, parti molli del corpo, cuscini, molle, oggetti di gomma.

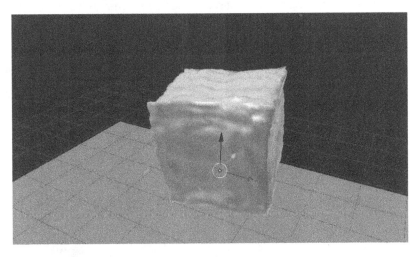

fig. 30 questo cubo, entrato in contatto con il piano, ha iniziato a rimbalzare deformandosi, contraendosi ed espandendosi

Solitamente un oggetto deformabile *Soft Body* possiede contemporaneamente anche delle proprietà di *Rigid Body*.

37

ESERCIZIO n. 4: UNA PALLA SGONFIA DI GOMMA

In questo semplice esercizio vedremo con una palla, cadendo dall'alto e collidendo con il piano si deformerà rimbalzando, per poi tornare al suo stato di quiete.

Inseriamo nella scena un piano e un cubo.

Solleviamo il cubo e, in modalità *Edit Mode*, aggiungiamo suddivisioni e geometria con CTRL + E e l'opzione *Subdivide*. Dividiamo la geometria in ulteriori 20 tagli (*Cuts*).

Applichiamo al cubo il modificatore *Cast*, impostato su *Sphere* con *Factor* a 1. Si trasformerà in una sfera. Possiamo applicare definitivamente il modificatore.

Aggiungiamo al piano la dinamica *Rigid Body Passive* e la dinamica Collision; e alla sfera (derivante dal cubo) *Rigid Body Active* e *Sphere* come *Shape*. Aumentiamo anche lievemente il *Bounciness* di entrambi gli oggetti.

Lanciando l'animazione con ALT + A, la sfera cadrà dall'alto urtando il piano e rimbalzando alcune volte prima di fermarsi.

Aggiungiamo alla sfera la dinamica *Soft Body*.

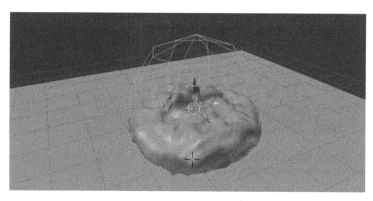

fig. 31 deformazione della sfera

Avviando l'animazione nuovamente, la sfera cadrà dall'alto e, dopo aver urtato il piano, si deformerà oscillando e schiacciandosi come fosse di gomma morbida.

Si noterà che l'animazione non sarà così fluida come una semplice simulazione *Rigid Body*, questo perché la deformazione è causa di calcoli ulteriori molto più complessi.

In caso di oggetti deformabili decisamente complessi o di alta definizione poligonale, è possibile avviare il processo di *Bake* prima dell'animazione, cliccando sul pulsante *Bake* posto nel pannello *Soft Body Cache* del *tab Physics*.

Dopo un certo tempo di calcolo (indicato in percentuale da un quadratino nero con cui verrà visualizzato il puntatore del mouse e che dipenderà dall'*hardware* di sistema), l'animazione con la deformazione sarà fluida.

2.5.1. i parametri relativi alla dinamica *Soft Body*

Vediamo nel dettaglio quali sono tutti i parametri e le opzioni di regolazione relativi alla dinamica *Soft Body*.

fig. 32 il pannello *Soft Body*

Nel pannello **Soft Body** sono contenuti i principali aspetti fisici del corpo soffice.

Friction definisce un parametro di auto attrito della propria struttura tra 0 e 1.

Mass (tra 0 e 1) definisce quanto la massa, il peso del corpo influisca nella deformazione, nello schiacciamento, nell'allungamento e nell'oscillazione. Tale parametro può essere impostato anche solo su un gruppo di vertici definito dal *Vertex Group* sottostante.

Speed determina il comportamento della simulazione, ovvero quanto velocemente il corpo oscillerà nella deformazione.

Il pannello **Soft Body Edges** contiene una serie di parametri utili per rendere la simulazione molto più definita e realistica.

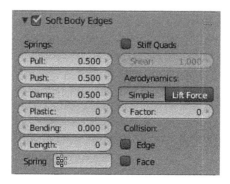

fig. 33 il pannello *Soft Body Edges*

Il corpo elastico si comporta, di fatto, esattamente come una molla. Questi parametri regolano il comportamento della molla.

Il primo gruppo di parametri (facenti parte la sezione *Spring*) definisce il comportamento globale della *mesh* sottoposta a deformazione dinamica.

Pull e *Push* (valori definiti tra 0 e 1) regolano la rigidezza del corpo elastico e rispettivamente la capacità di allungamento e compressione. A valori bassi si ottiene una resistenza maggiore, ovvero una rigidezza inferiore delle molle nello stendersi e contrarsi.

Damp (0 - 50) regola la durata di smorzamento dell'oscillazione aggiungendo attrito alla struttura della molla.

Plastic è un parametro (impostabile tra 0 e 100) che, per valori alti, rende permanenti le deformazioni subite dalla molla (e quindi dall'oggetto *Soft Body*).

Bending (0 - 10) estende le connessioni meccaniche legate alla deformazione anche tra vertici non immediatamente vicini.

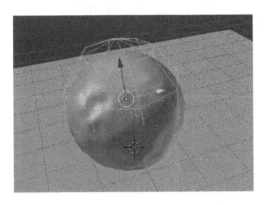

fig. 34 le deformazioni, con *Bending* impostato a 10, subiscono l'influenza di aree tra loro lontane

Lenght è un parametro utile che determina il comportamento del corpo elastico durante la fase di allungamento e schiacciamento. Il valore 0 disattiva la funzione. Per valori tra 1 e 99 le dimensioni dell'oggetto deformato si riducono. A 100 l'oggetto deformato rimane inalterato come dimensioni. Tra 101 e 200 la deformazione aumenta le dimensioni dell'oggetto fino a raddoppiarle.

Spuntando l'opzione *Stiff Quads*, per le facce quadrangolari, i lati diagonali vengono usati come sorgenti. Ciò impedisce alle facce di collassare completamente nelle collisioni. Il parametro *Shear* (0 - 1) controlla la rigidità della molla legata alle facce quadrangolari.

La sezione *Aerodynamics* è dotata di due *switch* e un cursore.

- Impostando *Simple*, la forza non è limitata ai vertici, ma ha un effetto anche lungo i bordi. Un bordo che scorre nella propria direzione non viene influenzato da alcuna forza, mentre secondo un movimento perpendicolare alla propria direzione agisce una forza massima;

- Impostando *Lift Force* viene utilizzato un modello aerodinamico che è più vicino a leggi fisiche e sembra più interessante.

- *Factor* definisce l'influenza dell'effetto aerodinamico nella simulazione.

La spunta su *Edge* verifica la presenza di spigoli nella *mesh* durante la collisione, mentre quella su *Face* effettua il controllo per qualsiasi faccia della *mesh*. Questa seconda opzione risponde in modo più preciso nelle collisioni.

Il pannello **Soft Body Solver** racchiude alcuni parametri utili per la correzione degli errori dovuti alla deformazione, permettendo una simulazione più accurata.

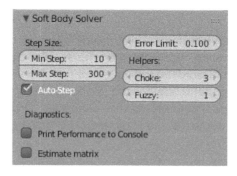

fig. 35 il pannello *Soft Body Solver*

Nella sezione *Step Size* si definiscono i valori minimi (*Min Step*) e massimi (*Max Step*) dei passi della simulazione, in modo da essere più

42

fluidi fotogramma dopo fotogramma. Per simulazioni eccessivamente a scatti, è possibile aumentare i valori.

Normalmente *Auto-Step* regola automaticamente, e in modo soddisfacente, la fluidità dei fotogrammi.

Error Limit regola la qualità complessiva della simulazione. Il valore predefinito è impostato a 0.1.

Choke riduce la velocità di uscita di un vertice o di uno spigolo mentre penetra in una superficie in collisione.

Fuzzy definisce la tolleranza delle collisioni, per la quale, a valori alti, la collisione è più rapida nel calcolo, ma meno sensibile e precisa.

Le ultime due spunte (*Helpers*) forniscono informazioni sul funzionamento del *Soft Body* e sull'influenza del *solver*.

Altri parametri relativi al comportamento dell'oggetto *Soft Body*, relativamente alla sua deformabilità (come ad esempio la resistenza al collasso totale), si trovano nel pannello **Soft Body Goal**.

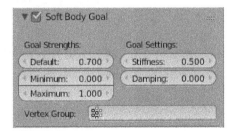

fig. 36 il pannello *Soft Body Goal*

Provate, ad esempio, a togliere la spunta (di *default*) che attiva questo pannello, dall'esercizio precedente. La palla, collidendo con il pavimento collasserà su se stessa, sgonfiandosi e non ritornando nella sua forma iniziale.

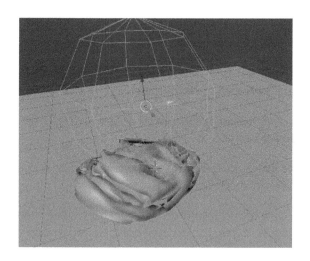

fig. 37 togliendo la spunta dal pannello *Soft Body Goal* la sfera si accascerà su se stessa, come un pallone sgonfio

Goal Strength è un parametro che regola la percentuale (tra 0 e 1) di collasso dell'oggetto. Di *default* è impostato a 0.7.

In caso di utilizzo del *Vertex Weights* (il peso che i vertici hanno su un determinato effetto o una simulazione), i valori *Min* e *Max* definiscono i limiti inferiore e superiore legandoli al colore del *Vertex Weights*: ai vertici tendenti al rosso verrà assegnato il valore *Max*, mentre a quelli tendenti al blu il valore *Min*.

Stiffness definisce la rigidità della molla legata al collasso.

Damping definiscono l'attrito, per cui, per valori elevati, viene frenato l'effetto sul corpo elastico.

Vertex Group permette di assegnare un gruppo di vertici con il sistema *Weights* Paint, per determinare il comportamento di collasso legato ai valori *Min* e *Max*.

I parametri relativi al pannello **Soft Body Self Collision** regolano il comportamento dei vertici (necessariamente attivando *Edges* nel pannello *Soft Body Edges*) in merito alle collisioni tra se stessi. In questo modo si impediscono compenetrazioni, poco credibili, nella *mesh*.

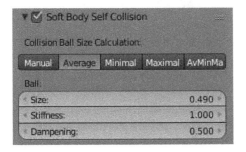

fig. 38 il pannello *Soft Body Self Collision*

Di solito questo pannello è poco utile per corpi deformabili chiusi (a meno di completo collasso).

Blender mette a disposizione 5 metodi di calcolo (*Collision Ball Size Calculation*) tra *Manual*, *Average* (di *default*, la media), *Minimal*, *Maximal* e *AvMinMax* (sovrapposizione degli ultimi tre).

Size è impostato di default a 0.49 e indica la frazione della lunghezza dei bordo, calcolata sulla base dell'algoritmo scelto. Si tratta di una distanza sferica (raggio) entro il quale, se un altro vertice della stessa maglia entra, il vertice inizia a deviare in modo da evitare un'auto collisione.

Stiffness (valore di *default* impostato su 1) definisce l'elasticità della sfera virtuale di intervento.

Dampening (di *default* impostato a 0.5) determina il modo in cui reagisce il vertice che entra in collisione. In definitiva, indica un fattore respingente.

Il pannello **Soft Body Field Weights** imposta in che quantità ogni singolo fattore esterno (gravità, vento, vortice, magnetismo, moto armonico...) influisce sul comportamento del corpo elastico.

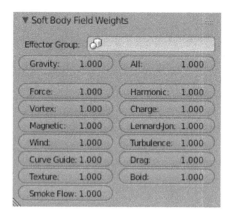

fig. 39 il pannello *Soft Body Field Weights*

L'ultimo pannello che analizzeremo, infine, **Soft Body Cache** e raccoglie tutti i comandi e le opzioni relativi all'animazione dell'effetto dinamico elastico.

Così come per il *Rigid Body* e, come vedremo, per altre simulazioni della fisica, il pulsante *Bake* avvia il calcolo dell'animazione fotogramma per fotogramma. Alla pressione si avvia il processo di calcolo il cui stato di avanzamento è visualizzato dal quadratino nero in cui si trasforma il puntatore del mouse.

Bake All Dynamics esegue il *Bake* su tutti le simulazioni dinamiche attivate nella scena.

Free All Bakes svuota la *cache* dopo il calcolo eseguito per tutte le dinamiche animate.

Calculate To Frame esegue il *Bake* (il calcolo del fotogramma) alla posizione del *frame* corrente.

Bake From Cache esegue il *Bake* dalla *cache* salvata.

Infine *Update All Frames* aggiorna tutti i *Bake* di tutte dinamiche in caso di modifiche.

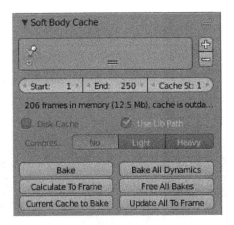

fig. 40 il pannello *Soft Body Cache*

In alto al pannello è presente uno spazio in cui definire o selezionare la *cache* da utilizzare per il calcolo. I pulsanti + e - permettono di aggiungere o rimuovere le *cache* che possono essere nominate cliccando due volte accanto al simbolo della fisica (pallina con scia di rimbalzo).

Start e *End* definiscono la durata della simulazione espressa in fotogrammi.

Cache Step definisce il numero di fotogrammi per ogni passaggio di calcolo (1 di *default*).

Subito sotto è riportata una riga informativa in cui sono indicati i fotogrammi e la memoria utilizzata.

Spuntando *Disk Cache* viene salvato il file *.blend* e salvata la *cache* sul disco, mentre spuntando *Use Libs Path* è possibile utilizzare un percorso di salvataggio *cache* legato a un altro file.

47

Lo *switch* a tre pulsanti *Compression* definisce la compressione del calcolo. Il pulsante *No* non prevede alcuna compressione; *Light* genera una compressione lieve di compressione; *Heavy* una compressione alta e un tempo di calcolo lento.

 ESERCIZIO n. 5: UN BUDINO

Inseriamo nella scena un cerchio a 16 vertici e, in *Edit Mode*, selezionati tutti i vertici digitiamo F per creare la faccia.

Selezioniamo gli 8 vertici alternati e scaliamo.

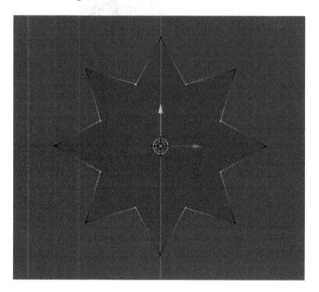

fig. 41 il cerchio di base del budino modificato

Quindi selezioniamo tutti i vertici e facciamo due *Inset* digitando il tasto I.

A questo punto selezioniamo tutti i vertici ed estrudiamoli verso l'alto. Scaliamo con S la faccia superiore del budino, in modo che sia più piccola di quella di base.

fig. 42 *Inset*

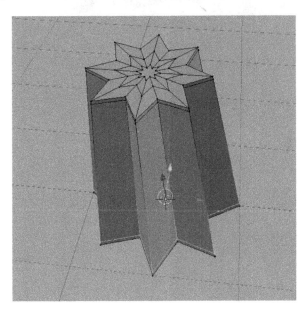

fig. 43 estrusione, scalatura e *loop*

49

Inseriamo due *loop* orizzontali con CTRL + R, uno prossimo alla sommità e uno al basamento.

Aggiungiamo infine un modificatore *Subdivision Surface* a 3 divisioni e lo *Smooth*.

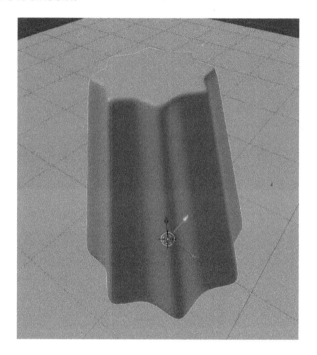

fig. 44 *Subdivision Surface* sulla *mesh*

Applichiamo definitivamente il modificatore in modo da ottenere una geometria ricca.

Aggiungiamo un piano come pavimento a cui assegneremo un *Rigid Body Passive* e un *Collision*.

Applichiamo al budino un *Rigid Body Active* e un *Soft Body*.

Avviando l'animazione (eventualmente cliccando prima su *Bake*) l'effetto gelatinoso elastico del budino inizierà a oscillare.

Regolate a piacimento i parametri in modo da definire un comportamento realistico.

Una volta che il comportamento elastico del budino sarà di vostro gradimento, fermate l'animazione e, nel *tab Modifiers*, applicate definitivamente *Soft Body* al fotogramma desiderato.

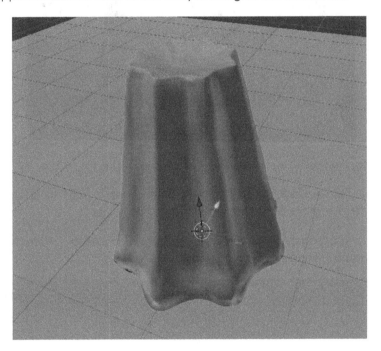

fig. 45 il comportamento elastico gelatinoso del budino

Divertitevi a creare un piatto e posizionatelo tra il budino e il piano.

Impostate quindi una corretta illuminazione e l'inquadratura che preferite.

Assegnate ora un materiale bianco molto riflettente al piatto. Vi consigliamo di utilizzare il materiale *Porcellana*, già visto nel volume precedente.

Per il budino potremmo invece utilizzare lo shader *Volume Scatter,* inserito nel *socket Volume* del *Material Output* e un *Diffuse*, di color caramello, miscelato al *Glossy*, per ottenere il tipico effetto sensibile alla retroilluminazione.

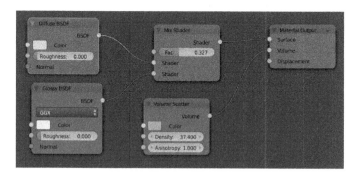

fig. 46 configurazione dei nodi che definiscono il materiale del budino

Per rendere maggiormente visibile questo effetto, potete inserire alle spalle del budino un'ulteriore fonte di luce.

Regoliamo infine la messa a fuoco, con l'uso di un *Empty* e lanciamo il *rendering*.

fig. 47 *rendering* del budino sul piatto

2.6. Cloth e Collision

2.6.1. Cloth

Cloth, insieme a **Collision**, rappresenta una delle più interessanti e potenti simulazioni nell'ambito della fisica di Blender.

Cloth consente di simulare il comportamento di tessuti, panneggi, bandiere, tovaglie.

Così come per *Soft Body*, per garantire una deformazione della *mesh* precisa e realistica, è necessaria una definizione poligonale più che sufficiente. Sarà quindi importante procedere con il suddividere adeguatamente la geometria interessata.

Per assegnare a una *mesh* le caratteristiche e il relativo comportamento di un tessuto, basterà, una volta selezionata, cliccare su *Cloth* nel *tab Physics*.

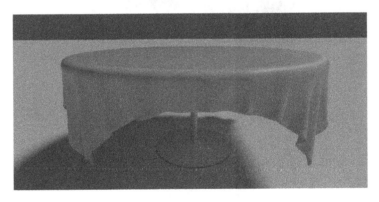

fig. 48 esempio di simulazione *Cloth*

Questa potente simulazione dispone di parametri assai complessi che consentono il raggiungimento di risultati soddisfacenti dopo attenti inserimenti dei valori specifici.

È influenzato e interagisce inoltre con la forza di gravità e con le forze aerodinamiche esterne.

Così come per il *Soft Body*, la simulazione richiede un calcolo decisamente impegnativo per la CPU e, in caso una geometria molto dettagliata, forme non regolari e collisioni, è preferibile far calcolare i fotogrammi dell'animazione preventivamente e salvarli nella *cache*.

fig. 49 il *tab Physics* e i pannelli specifici per la simulazione *Cloth*

Una volta assegnata ad un oggetto la simulazione *Cloth* (dal *tab Physics* della finestra *Properties*), si attivano alcuni pannelli che contengono i parametri necessari per la determinazione del comportamento del tessuto.

Nel pannello **Cloth** si trovano i dati e i parametri relativi alla natura del tessuto.

Dal menu *Preset*, ad esempio, si possono scegliere delle tipologie di tessuto pre impostate (ed eventualmente modificabili) come cotone (*Cotton*), tessuto rigido tipo *jeans* (*Denim*), pelle o cuoio (*Leather*), tessuto gommato (*Rubber*), o seta (*Silk*). È possibile aggiungere dei modelli o eliminarne di esistenti con i pulsanti + e -.

Quality Steps definisce il numero dei passaggi della simulazione per ogni fotogramma di simulazione. Di *default* è impostato a 5. Valori elevati determineranno una simulazione più fluida e precisa ma tempi di calcolo più lenti.

Il gruppo dei parametri *material* permette di definire la massa, quindi il peso, la consistenza del materiale (*Mass*), la rigidezza (*Stiffness*) e le dimensioni delle pieghe (*Bending*), che, per valori più alti, determinerà pieghe più ampie.

Nel gruppo *Damping* si impostano i parametri che regolano il comportamento elastico del tessuto. *Spring* definisce l'attenuazione della velocità, per la quale a valori alti si ottiene un effetto più liscio. Il parametro *Air* consente di rallentare la caduta del tessuto come se fosse influenzato dalla resistenza dell'aria. *Velocity* (da 0 a 1) determina la velocità con cui il tessuto raggiungerà la posizione di stasi (impostando 1 non si otterrà alcuno smorzamento; impostando 0 uno smorzamento totale).

La spunta su *Pinning* attiva una casella in cui caricare un *Vertex Group*. Tale gruppo di vertici fungerà da gancio per il tessuto che non farà direttamente parte della simulazione. L'esempio più classico è quello di una bandiera in cui la posizione di una fila di vertici disposti in verticale (l'ungo l'asta) rimarrà invariata. Il parametro *Stiffness*, direttamente connesso al *Pinning*, definisce la rigidità del *Vertex Group*, ovvero quanto i vertici fissi saranno comunque influenzati dalla simulazione *Cloth*. Il valore 1 (di *default*) imposta il *Vertex Group* in modo rigido e inamovibile.

Il pannello **Cloth Cache** funziona esattamente come per gli analoghi pannelli relativi alle altre simulazioni. In particolare ricordiamo che *Start* e *End* definiscono la durata della simulazione espressa in fotogrammi e il pulsante *Bake* avvia il calcolo dei fotogrammi nella *cache*.

Il pannello **Cloth Collision** è molto importante perché definisce il comportamento del tessuto quando entra in collisione con altri oggetti o con se stesso. Si pensi, ad esempio, alla tovaglia che si adagia sul tavolo, o alla bandiera attorno all'asta, i cui lembi non devono compenetrarsi.

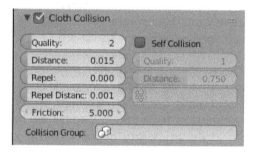

fig. 50 il pannello *Cloth Collision*

La spunta principale del pannello consente di abilitare la collisione con altri oggetti in scena interessati.

Quality determina la qualità generale della simulazione. Valori più alti necessitano di tempi di calcolo maggiori, ma assicurano una precisione migliore soprattutto nelle collisioni e compenetrazioni.

Distance (espresso nell'unità di misura corrente) definisce a che distanza dall'oggetto in collisione il tessuto devierà il suo percorso avvolgendolo o evitandolo.

Repel è un parametro che, se impostando un valore superiore a 0, forza il tessuto ad una sorta di repulsione, rimbalzo, in vicinanza dell'oggetto in collisione.

Repel Distance, da impostare con un valore superiore a *Distance*, definisce la distanza dall'oggetto in collisione, oltre la quale la repulsione avrà affetto.

Friction è un coefficiente che determina l'attrito con altri oggetti in collisione. In pratica, definisce quanto il tessuto scivolerà via dall'oggetto in collisione.

Attivando *Self Collision* la simulazione terrà conto di eventuali compenetrazioni del tessuto e si attiveranno tre caselle.

Quality definisce la qualità della simulazione relativa all'auto collisione. Per un funzionamento corretto si consiglia che tale parametro sia impostato almeno con lo stesso valore di *Quality* (qualità globale della simulazione).

Anche *Distance* ha la stessa funzione dell'omonimo parametro e definisce a che distanza il motore di calcolo deve tener conto di eventuali auto collisioni del tessuto, al fine di evitare compenetrazioni.

È inoltre possibile impostare un *Vertex Group* per definire che soltanto alcuni vertici siano soggetti al *Self Collision*.

Il pannello **Cloth Stiffness Scaling**, se abilitato con la spunta, la rigidezza può essere impostata in modo graduale secondo determinati gruppi di vertici definiti dal *Weight Paint*.

In particolare, è possibile impostare dei vertici che definiscano il comportamento non costante della rigidezza scalare complessiva

(*Structural Stiffness*) e un atro gruppo che definisca il comportamento scalare delle pieghe (*Bending Stiffness*).

I valori *Max*, riferiti ai due *Weight Paint group* regolano l'effettivo peso dei vertici rispetto ai parametri *Structural* e *Bending*.

fig. 51 il pannello *Cloth Stiffness Scaling*

In alternativa al *Pinning*, il pannello **Cloth Sewing Springs** consente di regolare il comportamento del tessuto secondo delle molle virtuali che definiscano delle cuciture lungo le quali il tessuto si tira o si attorciglia.

Può essere utilizzato, ad esempio, per creare un mantello che si stende a partire dalla cucitura attorno al collo di un personaggio.

I vertici che definiscono questa cucitura vengono aggiunti ad un *Vertex Group*, caricati nella casella *Shrinking*.

Sewing Force definisce la forza globale massima per cui la cucitura influenzerà il comportamento del tessuto, mentre *Min* e *Max* i valori estremi di elasticità nella simulazione.

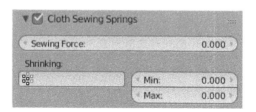

fig. 52 il pannello *Cloth Sewing Springs*

L'ultimo pannello, **Cloth Field Weights** permette di impostare quanto le forze esterne agiranno sul *Cloth*.

Ad esempio in che modo il vento permetterà alla bandiera di sventolare. E sarà proprio questo l'esempio che andremo a realizzare di seguito.

ESERCIZIO n. 6: UNA BANDIERA CHE SVENTOLA

Realizzare una bandiera è davvero semplice.

Inseriamo un piano, ruotiamolo attorno a x di 90° e riproporzioniamolo in modo che misuri, ad esempio,1 metro in larghezza e 50 cm in altezza.

In *Edit Mode* inseriamo quattro *loop* verticali e uno orizzontale.

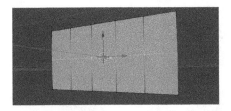

fig. 53 la geometria di base della bandiera

Selezioniamo il vertice centrale destro e spostiamolo lungo l'asse x in modo da avvicinarlo al secondo da destra.

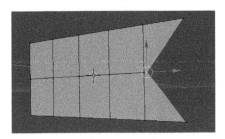

fig. 54 le punte della bandiera

Trasliamo infine anche il secondo vertice da destra in modo da non lasciare spigoli troppo ridotti.

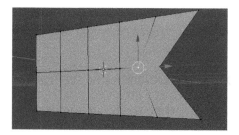

fig. 55 traslazione dei vertici

Selezioniamo ora tutti i vertici della *mesh* e digitiamo W, quindi, dal menu,m *Subdivide*, impostando 6 suddivisioni.

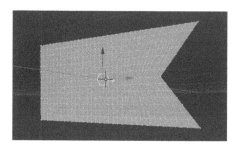

fig. 56 la suddivisione della *mesh* definisce una maggiore geometria

A questo punto posizioniamoci in vista frontale (1 NUM) ed eseguiamo l'*unwrapping* con il tasto U, scegliendo l'opzione *Project from view*.

Perché la bandiera abbia assegnata una *texture*, è molto importante che questa venga *scucita* e mappata prima della simulazione.

Una volta *scucita* la *mesh*, creiamo un nuovo materiale, che, come sempre, risulti un mix fra un nodo *Diffuse* e un *Glossy* bilanciato da un *Fresnel*.

Al nodo *Diffuse* associamo la *texture* "Bandiera", caricata in un *Image Texture*.

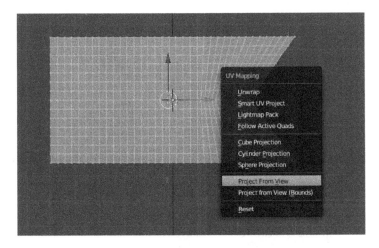

fig. 57 *unwrapping* della *mesh*

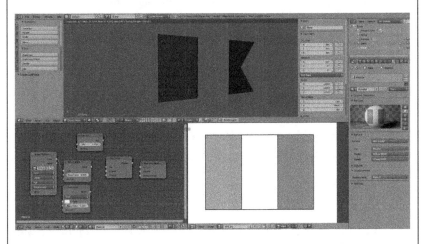

fig. 58 assegnazione del materiale alla *mesh*

Scaliamo i vertici della *mesh* in base alla *texture* e creiamo la composizione dei nodi che definiranno il materiale.

Selezioniamo quindi la fila verticale estrema di vertici che corrisponderanno all'asta e assegniamoli in un nuovo *Vertex Group*.

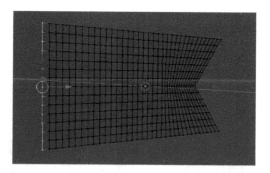

fig. 59 *Vertex Group* dei vertici per il *Pinning*

Passiamo ora alla realizzazione dell'asta. Questa sarà realizzata con un semplice cilindro scalato lungo l'asse delle z.

Assegniamo al cilindro un materiale generico nero e posizioniamolo in corrispondenza dei vertici per il *pinning* del tessuto.

Aggiungiamo infine un piano come pavimento.

A questo punto passiamo alla simulazione della fisica.

Selezioniamo l'asta e assegniamole la fisica *Collision*.

Selezioniamo poi la bandiera e attiviamo *Cloth*, scegliendo il materiale *preset Cotton*.

Spuntiamo *Pinning* e impostiamo nella casella il *Vertex Group* precedentemente creato.

Quindi, nel pannello *Cloth Collision*, impostiamo la *Quality* a 3 e attiviamo *Self Collision*.

Lanciamo infine il *Bake* e attendiamo la fine del processo di calcolo, al termine del quale, lanciamo l'animazione con ALT + A.

Il panno tenderà a d adagiarsi verso il basso, simulando il tessuto, attorcigliandosi attorno all'asta e rimanendo agganciato alla fila di vertici in corrispondenza dell'asta stessa.

Aggiungiamo ora un modificatore *Solidify* con *Thickness* a 2 mm, un *Subdivision Surface* a 2 divisioni e lo *Smooth*. Aggiungiamo infine un *loop* verticale in prossimità del *Vertex Group*.

fig. 60 rendering della simulazione

Liberiamo la *cache* premendo il pulsante *Free Bake* e aggiungiamo nella scena una *Force Field Wind*, vale a dire un vento, con SHIFT + A, in cui, nel *tab Physics*, imposteremo la forza (*Strength*) a 8000. Posizioniamo il vento di diagonale, come in figura.

Rilanciamo il *Bake*.

Al termine del processo, avviamo l'animazione e assistiamo all'effetto di sventolio della bandiera.

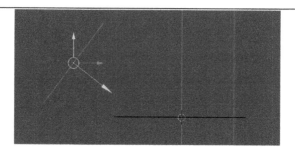

fig. 61 inserimento del vento nella scena

fig. 62 la bandiera sventola per l'effetto del vento

In caso il nostro intento sia quello di ottenere un'immagine fissa della bandiera al vento, possiamo applicare in modo definitivo la simulazione *Cloth*, cliccando su *Apply* il *Cloth* che viene visualizzato anche tra i modificatori.

Una volta scelta la posizione che più ci aggrada, applicando il Cloth, la *mesh* rimarrà bloccata nella nuova geometria.

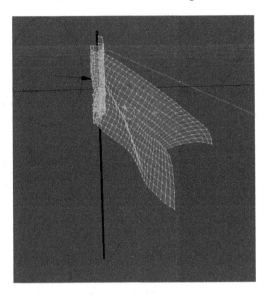

fig. 63 applicazione definitiva della simulazione *Cloth*

2.6.2. Collision

Abbiamo già più volte accennato a **Collision**.

Questo pannello, attivabile assegnando l'omonimo comportamento ad un oggetto dal *tab Physics*, rende quest'ultimo interferente con gli oggetti collidenti.

Applicando questa componente fisica all'asta della bandiera, ad esempio, abbiamo fatto in modo che questa fosse un oggetto che potesse impedire in parte il movimento del tessuto.

Nella colonna sinistra del pannello **Collision** vi sono i parametri che definiscono il comportamento in collisione con le particelle generate da un sistema particellare (che vedremo in seguito), impedendo o permettendo in parte la compenetrazione.

Particle Permeability regola la permeabilità delle particelle o dei vertici della *mesh* in collisione attraverso l'oggetto *Collision*.

Particle Stickness definisce quante particelle si attaccano all'oggetto *Collision*.

Spuntando *Kill Particles*, le particelle che entreranno in collisione scompariranno.

Particle Damping Factor, indipendentemente dalla velocità delle particelle, definisce lo smorzamento durante la collisione, mentre *Random Damping* determina una variazione casuale dello smorzamento.

Particle Friction Factor è un valore che regola l'attrito durante i movimenti degli oggetti lungo la superficie *Collision*.

Random Friction genera una variazione casuale della componente di attrito.

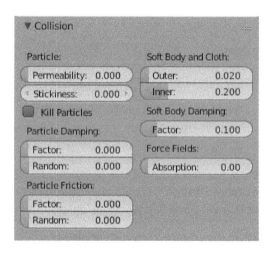

fig. 64 il pannello *Collision*

La colonna sulla destra del pannello regola invece il comportamento in collisione con gli oggetti *Cloth* e *Soft Body*.

Outer e *Inner* definiscono rispettivamente le dimensioni dell'oggetto nella zona di collisione esterna o interna.

Soft Body Damping Factor regola l'attenuazione durante la collisione con un oggetto *Soft Body*.

Force Field Absobption definisce in percentuale quanto la forza si disperderà durante la collisione con l'oggetto *Collision*.

2.7. Fluid

Simulare il comportamento dei fluidi è davvero una scommessa, ma Blender dispone di potenti strumenti per realizzare dei complessi liquidi.

In questa tipologia di simulazione, così come avviene, ad esempio, per gli effetti volumetrici, è essenziale definire un *dominio*, all'interno del quale avviene la simulazione stessa.

Il *dominio* è definito da una *mesh*, solitamente un parallelepipedo, entro il quale insistono i generatori della simulazione ed eventuali ostacoli.

Per comprendere, a grandi linee, il significato di dominio, generatore e ostacolo, si pensi, ad esempio ad un rubinetto (emettitore di acqua) e vasca che rappresenta in limiti entro i quali il fluido rimane circoscritto. È su questi semplici concetti che si basa la simulazione dei fluidi.

A livello di calcolo, questo tipo di simulazione richiede numerose risorse e, a seconda della definizione, un tempo non indifferente.

Va da sé che, per ottenere un risultato realistico, è necessaria una definizione piuttosto alta, ma ciò non toglie che, con alcuni accorgimenti, si possono risparmiare risorse.

Così come per le altre simulazioni, quella dei fluidi è attivabile dal *tab Physics* della finestra *Properties*. Il tasto di riferimento è *Fluid* che contempla tutte le opzioni relative al generatore, al dominio, agli ostacoli e al comportamento di base del fluido.

Eseguiamo un primo esercizio per comprendere, in linea generale, la metodologia di lavoro.

ESERCIZIO n. 7: RIEMPIRE UN CONTENITORE D'ACQUA

Il primo passo è quello di impostare il dominio, entro il quale avverrà la simulazione.

Inseriamo un cubo nella scena e, dal *tab Physics* assegniamogli la fisica *Fluid*. Si attiverà un pannello denominato *Fluid*.

Dal menu *Type* scegliamo l'opzione *Domain*.

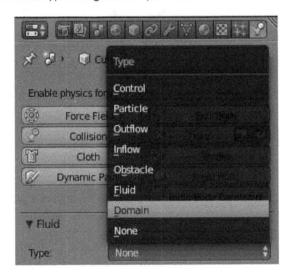

fig. 65 il pannello *Fluid*

Per ora non occupiamoci dettagliatamente delle opzioni, che vedremo in seguito.

Nella 3D view impostiamo la visualizzazione *Wireframe*.

Inseriamo ora, all'interno del cubo una sfera, opportunamente scalata di dimensioni (ricordiamoci di azzerare la scala con CTRL + A).

Posizioniamo la sfera in prossimità del vertice superiore del cubo-dominio, facendo bene attenzione a non oltrepassarne il limite.

Assegniamo quindi anche alla sfera la fisica *Fluid*, ma scegliamo l'opzione *Fluid* dal menu *Type*.

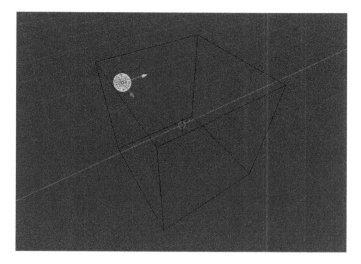

fig. 66 inserimento della sfera *Fluid* all'interno del *Domain*

Questo tipo di simulazione necessita di un pre calcolo e non può essere avviata un'animazione prima che questo calcolo sia terminato. I tempi di calcolo dipendono molto dai valori impostati nei contatori *Resolution* riferiti al dominio. Impostando il valore di *default* 65 sono richiesti circa 27 Mb per realizzare un'animazione di soli 4 secondi, mentre, aumentando il valore a 200 sono necessari circa 770 Mb. Questo aumento esponenziale è dovuto al fatto che viene eseguito un aumento volumetrico cubico in funzione dell'unità base volumetrica dell'oggetto. La stima espressa in MB viene visualizzata all'interno del pulsante *Bake*.

I 4 secondi di cui alla stima precedente sono definiti dai valori *Start* e *End* della sezione *Time* dello stesso pannello. Questi 4 secondi di simulazione vengono quindi spalmati per tutta la durata dei *frame* impostati nella *Timeline* (250 di *default*). Ciò significa che, variando il numero dei fotogrammi o il numero dei secondi di animazione fisica si otterrà una velocizzazione o un rallentamento dell'animazione finale.

70

Nella fattispecie, se a 25 fotogrammi al secondo, per visualizzare i 250 fotogrammi vengono impiegati 10 secondi, i 4 secondi di simulazione verranno estesi nei 10 secondi della *Timeline*. Aumentando il valore *End* a 10, il risultato sarà di una simulazione molto più veloce.

Lasciamo i parametri impostati come di *default*.

Selezioniamo il dominio e clicchiamo sul pulsante *Bake*. Questo permetterà alla CPU di elaborare ogni passo della simulazione.

Immediatamente il dominio si contrarrà attorno alla sfera e verrà avviato il processo di calcolo, il cui avanzamento verrà visualizzato nell'*header* della finestra *Info*.

fig. 67 avanzamento del *Bake* nell'*header* della finestra *Info*

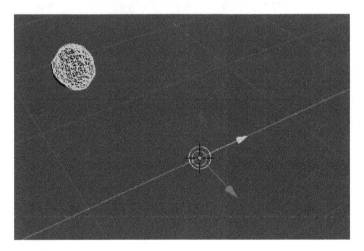

fig. 68 il dominio si contrae attorno alla sfera

Al termine del processo, sarà finalmente possibile avviare l'animazione con ALT +A.

71

Il dominio inizierà a cadere per effetto della forza di gravità impostata in *World* come se fosse effettivamente emesso dalla sfera, la quale, di fatto, rappresenta la *"quantità"* di fluido emesso.

Il fluido cadendo si raccoglierà all'interno di un contenitore invisibile, definito dalla forma originale del dominio (il cubo), generando schizzi e rimbalzi, per poi tendere ad uno stato di quiete alla fine dell'animazione.

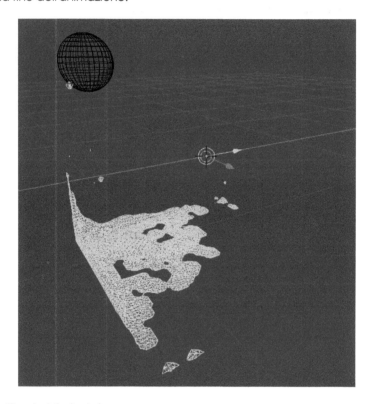

fig. 69 avvio della simulazione

Aggiungiamo al dominio un modificatore *Subdivision Surface* e lo *Smooth* e rendiamo invisibile la sfera alla camera spuntando *Camera* nel pannello *Ray Visibility* del *tab Object*.

Possiamo infine applicare un materiale *Glass* per simulare rapidamente un fluido trasparente e creare un contenitore che lo raccolga

fig. 70 *render* del fluido nel contenitore

Potete applicare in modo definitivo la simulazione al dominio, scorrendo l'animazione fino al fotogramma più gradito e cliccando su *Apply* nel modificatore *Fluid*.

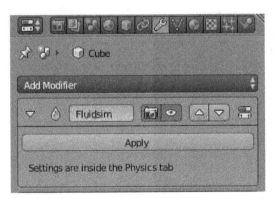

fig. 71 applicazione del modificatore *Fluid*

Qualora l'animazione non fosse soddisfacente, si consiglia la cancellazione della memoria, cliccando sull'icona della cartellina all'interno del pannello *Fluid* del dominio.

fig. 72 il pulsante *cache*

Si aprirà il *Browser*, nel quale cliccando sulla cartellina *cache_fluid*, sarà sufficiente selezionare tutti i file con A ed eliminarli con CANC o con X, confermando infine cliccando sul pulsante *Accept*.

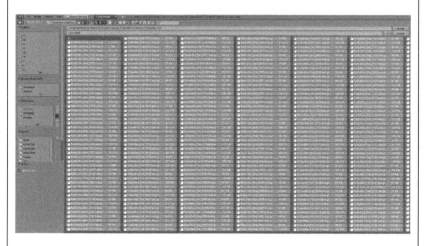

fig. 73 i file *cache* nel *browser* generati dal *Bake* del *Domain*

Il dominio tornerà alla forma iniziale.

Eliminiamo ora la sfera e inseriamo un cubo, scalato in z, all'interno del cubo dominio e del contenitore.

Applichiamo a questo la fisica *Fluid* e lanciamo nuovamente il *Bake* del dominio.

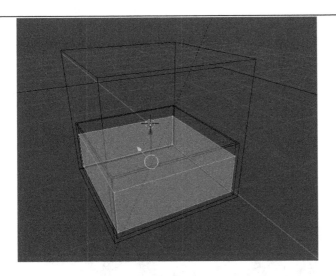

fig. 74 il nuovo oggetto emettitore inserito nel dominio

Questo emettitore ha un volume nettamente superiore al precedente e il dominio, avvolgendosi attorno, genererà maggiore liquido, non più, in questo caso, lasciato cadere dall'alto, ma ondeggiante all'interno del contenitore.

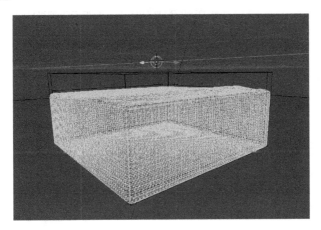

fig. 75 il dominio dopo il *Bake*

Rimuoviamo dalla vista camera l'emettitore (togliendo la spunta su *Camera*, *Diffuse* e *Glossy*) e lanciamo nuovamente il *rendering*.

fig. 76 *render* del fluido nel contenitore

Vediamo ora come inserire all'interno di un dominio un oggetto che funga da ostacolo per il fluido.

Questo ostacolo può essere un tubo all'interno del quale scorre il fluido, oppure una slitta, uno scivolo o un contenitore.

 ESERCIZIO n. 8: CALICE E LIQUIDO IN MOVIMENTO

Carichiamo nella scena il calice che abbiamo creato durante uno degli esercizi presenti nel volume 1. Assegniamo al calice la fisica *Fluid* e impostiamo il *Type* come *Obstacle*. Poiché si tratta di un oggetto cavo, è necessario scegliere l'opzione *Shell* nel menu *Volume Initialization*.

Poniamo il calice all'interno di un parallelepipedo che sia il dominio dell'animazione.

Per rendere la simulazione più precisa e definita alziamo la *Resolution* del dominio a 150. La memoria necessaria per il calcolo della simulazione salirà vertiginosamente a 326,17 Mb.

Inseriamo una sfera poco più piccolo dell'imboccatura del calice e posizioniamola a metà strada dell'imboccatura stessa.

Assegniamo alla sfera la fisica *Fluid*.

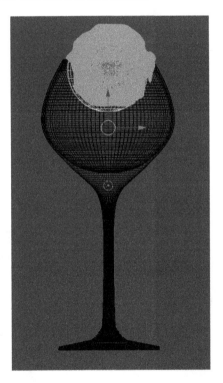

fig. 77 composizione della scena

Lanciamo il *Bake* e attendiamo la fine del processo.

Aggiungiamo un *Subdivision Surface* a 3 divisioni e lo *Smooth* al dominio e togliamo le spunte dalla sfera dal *Ray Visiblity* in modo che non venga renderizzata.

Assegniamo un materiale vetro (*Glass*) al bicchiere e al dominio.

Infine forziamo la gravità della sfera in modo che il liquido cada nel bicchiere in modo più pesante, violento, generando schizzi e fuoriuscita dal calice, ponendo Z a -1 (che si sommerà alla forza di gravità).

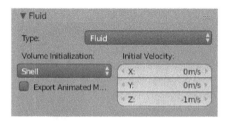

fig. 78 *Initial Velocity*

Lanciamo quindi l'animazione e assistiamo alla caduta del liquido nel calice.

fig. 79 *rendering* del fotogramma

Adesso che abbiamo capito come muoverci nel mondo dei fluidi in Blender, iniziamo ad analizzare nel dettaglio tutte opzioni presenti nei vari pannelli.

Ulteriori esempi ed esercitazioni verranno eseguiti a chiarimento di nuovi concetti.

2.7.1. Type Fluid

Impostando un oggetto come *Fluid* si genera un emettitore semplice dal quale viene emesso il fluido nel dominio.

Fluid, in effetti, rappresenta la quantità di fluido emesso e la posizione iniziale.

I parametri che lo definiscono sono contenuti in un unico pannello, denominato **Fluid**.

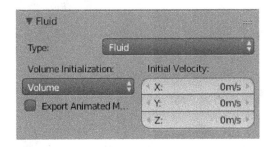

fig. 80 il pannello *Fluid*

Come detto, *Type* definisce la tipologia di elemento all'interno della fisica dei fluidi che, in questo caso è impostata su *Fluid*.

Il menu *Volume Initialization* permette di impostare alla fisica del fluido un comportamento secondo il suo volume (*Volume*), la sua forma (*Shell*) o entrambi (*Both*).

La sezione *Initial Velocity* impone al dominio associato al fluido una spinta ulteriore definita dai vettori *x*, *y* e *z*, espressa in metri al secondo (m/s).

La spunta su *Mesh Animated Mesh* utile per rendere il fluido interagente con i corpi rigidi.

Per chiarire il concetto, eseguiremo un semplice esercizio.

 ESERCIZIO n. 9: UNA PALLINA CHE CADE IN ACQUA

Realizziamo un contenitore in vetro, del tutto simile a quello nell'esercizio n. 7. Assegniamo al contenitore la fisica *Fluid*, impostando il *Type* come *Obstacle* e il *Rigid Body Passive* con *Shape* su *Mesh*.

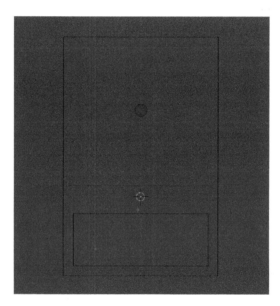

fig. 81 composizione della scena

Inseriamo un parallelepipedo dominio in cui il contenitore sia contenuto.

80

Inseriamo ancora un secondo parallelepipedo delle dimensioni approssimative pari a quelle dell'interno del contenitore. Assegniamo a questo la fisica *Fluid*.

Inseriamo quindi una piccola sfera all'interno del dominio ma esternamente al contenitore. Aggiungiamo a questa la fisica *Rigid Body Active* e come *Fluid Obstacle* e con la spunta su *Export Animated Mesh*.

Infine inseriamo un piano su cui è poggiato il contenitore e impostiamolo come *Rigid Body Passive*.

Lanciamo il *Bake* del dominio e al termine del processo aggiungiamo un modificatore *Subdivision Surface* e lo *Smooth*.

Al termine del calcolo lanciamo l'animazione.

La sfera cadrà dall'alto nel fluido e come ostacolo interagirà con il fluido, penetrando al suo interno e generando dapprima la depressione, quindi gli schizzi.

fig. 82 tre fasi dell'animazione dopo il *Bake*

Come sempre, applichiamo i materiali e lanciamo il *rendering*.

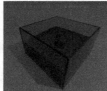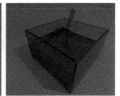

fig. 83 *rendering* delle fasi dell'animazione

2.7.2. Type Domain

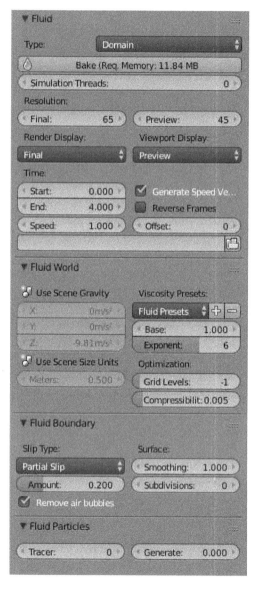

fig. 84 i pannelli relativi al *Type Domain*

Impostando come *Domain* il *Type* di una *mesh*, solitamente un parallelepipedo, questo rappresenterà in tutto e per tutto il liquido emesso dall'emettitore e il massimo campo d'azione della simulazione.

Un dominio è sempre legato ad un'altra *mesh*, a cui viene assegnata la fisica *Fluid*, *Inflow*, *Outflow* o altre tipologie a seconda del genere di simulazione si vuole ottenere.

Come visto in precedenza il processo di calcolo della simulazione avviene preventivamente, a seguito della pressione del pulsante *Bake*, prima voce nel pannello specifico **Fluid**.

Come già detto, all'interno del pulsante viene specificata la stima della memoria necessaria per calcolare la simulazione, espressa in Mb.

Il contatore sottostante, *Simulation Threads* (impostato a 0 di *default*), permette di definire il numero dei sottoprocessi (*threads*) della simulazione.

I due contatori sotto la sezione *Resolution* definiscono la risoluzione generale della simulazione. Questa può essere definita per il risultato finale per il *rendering* (*Final*), impostata di *default* a 65 e per il *Preview*, impostata a 45, in modo da non impegnare memoria eccessiva in fase di costruzione.

Render Display e *Viewport Display* aprono due menu a tendina in cui è possibile scegliere la qualità di visualizzazione, rispettivamente per il risultato finale e per la vista in preview. Di *default*, *Render Display* è impostato come *Final* (modalità fine, definitiva), mentre *Viewport Display* come *Preview* (modalità di visualizzazione meno definita). La terza opzione disponibile in entrambi i menu è *Geometry* che visualizza il fluido generato nella forma della geometria originale prima della simulazione, in modo da risparmiare memoria.

La differenza di tempo, espresso in secondi, fra *Start* e *End* definisce la durata della simulazione, spalmata su tutti i fotogrammi impostati nella *Timeline*. A esempio, impostando *Start* a 2 e *End* a 27, la simulazione durerà 25 secondi (differenza tra 27 e 2), sarà spalmata sui 250 fotogrammi che, a 25 *fps*, animerà la scena per 10 secondi (250 diviso 25) e avrà inizio dopo 2 secondi. I 25 secondi assoluti della simulazione saranno quindi spalmati in 8 secondi, ottenendo un effetto velocizzato.

Il cursore *Speed* è un ulteriore controllo della velocità di animazione che influisce come fattore di moltiplicazione (tra 0 e 1) sulla durata assoluta della simulazione. Impostando il valore come 0 si otterrà un effetto statico, mentre a 1 la velocità normale.

La spunta *Generate Speed Vector* consente, se attivata, di non esportare i vettori di velocità. Di *default*, i vettori di velocità sono generati e memorizzati su disco. Essi possono essere utilizzati per calcolare un'immagine basata, ad esempio, sul *motion blur*.

La spunta su *Reverse Frames* genera una simulazione inversa.

Il parametro *Offset* consente di compensare la lettura della simulazione durante il *baking*.

Infine, nell'ultima casella, è possibile inserire il percorso della *directory* ove salvare i dati della simulazione nella *cache*, generati dal processo di *baking*.

Nel pannello **Domain World** vengono impostati tutti i parametri relativi alla natura fisica del fluido.

Sono disponibili, nel menu *Viscosity Presets*, tre liquidi predefiniti (acqua, olio e miele) ed altri possono essere creati e poi salvati (o eliminati) utilizzando i pulsanti + e -.

In alternativa, è possibile inserire manualmente i valori di viscosità riferiti a un fluido specifico, tenendo conto che la viscosità dinamica, nel mondo reale, viene misurata in Pascal per secondo (*Pa.s*), o in unità *Poise* (*P*, pari a 0,1 *Pa.s*. Questa formula è stata elaborata dal francese Jean-Louis Poiseuille, che ha scoperto le leggi sul "flusso laminare di fluidi viscosi". Possono anche essere considerate le sottounità comunemente dette *centipoise* (*cP*, pari a 0.001 *Pa.s,*). Blender, invece, utilizza la viscosità cinematica (che è la viscosità dinamica in *Pa.s*, divisa per la densità) espressa in $m^3 s^{-1}$. La seguente tabella riporta alcuni esempi di fluidi insieme ai loro valori di viscosità dinamica e cinematica.

Fluido	Viscosità dinamica (in *cP*)	Viscosità cinematica (in $m^2 s^{-1}$)
Acqua (20- C)	1.002×10 0 (1.002)	1.002×10 -6 (0.000001002)
Olio	5.0×10 2 (500)	5.0×10 -5 (0.00005)
Miele (20- C)	1.0×10 4 (10,000)	2.0×10 -3 (0.002)
Cioccolato fuso	3.0×10 4 (30,000)	3.0×10 -3 (0.003)
Ketchup	1.0×10 5 (100,000)	1.0×10 -1 (0.1)

Tali parametri possono quindi essere inseriti manualmente nei contatori *Base* e *Exponent*.

Real World Size, definisce la dimensione dell'oggetto dominio nel mondo reale, espressa in metri. Questo valore va utilizzato in funzione delle dimensioni del tipo di oggetto fluido di cui alla simulazione. Ad esempio una tazzina di caffè può prevedere un dominio reale di circa 10 centimetri (0.1 metri), mentre una piscina olimpionica di 25 metri.

Gli ultimi due valori da inserire nella sezione *Optimization* sono *Gridlevel*, che definisce quanti livelli di griglia adattivi devono essere utilizzare durante la simulazione (impostando questo a -1 si esibirà la selezione automatica) e *Compressibility*, che permette la compressibilità del fluido dovuto alla forza di gravità.

Nel pannello **Domain Boundary** si definiscono i confini della simulazione del fluido.

Nella sezione *Surface* troviamo due parametri, riportabili all'effetto del modificatore *Subdivision Surface* per il dominio:

- *Smoothing*, che definisce il valore di arrotondamento del dominio;

- *Subdivisions*, che Permette la creazione di superfici suddivise ad alta risoluzione della *mesh* dominio, direttamente durante la simulazione. Il valore 1 indica nessuna suddivisione, e ogni aumento si traduce in una ulteriore suddivisione di ogni *voxel* fluido. Le *mesh* risultanti aumentano quindi geometria, a scapito dei tempi di calcolo che si allungano, suddivisione dopo suddivisione, e dello spazio su disco.

Nella sezione *Slip Type* il menu a tendina definisca il comportamento dello slittamento del fluido lungo la superficie limite del dominio, mentre *Amount* determina il fattore di slittamento.

La spunta *remove Air Bubbles* consente di eliminare spazi tra la superficie limite e le bolle di fluido generate.

L'ultimo pannello **Fluid Particles**, contiene i dati per generare particelle di fluido a seguito della simulazione. Dispone di due controlli:

- *Tracer* definisce il numero di particelle traccianti da emettere del fluido all'inizio della simulazione.

- *Generate* controlla la quantità di particelle fluide da creare (0 = off, 1 = normale, > 1 = numero elevato). Per utilizzarlo, è necessario disporre di un valore della suddivisione superficiale superiore a 2.

fig. 85 simulazione di fluido senza particelle (a sinistra) e con particelle (a destra)

2.7.3. Type Inflow

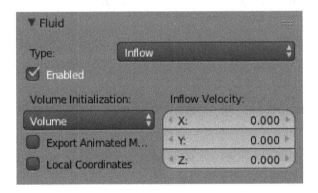

fig. 86 il pannello Fluid Inflow

A differenza di Fluid, la cui potata è limitata al volume della mesh, l'opzione **Inflow** genera un flusso continuo di liquido, simulando il comportamento di un rubinetto o un corso d'acqua.

Il flusso continua fino al riempimento del dominio, generando ulteriormente moti convettivi del fluido, quando l'oggetto *Inflow* viene sommerso.

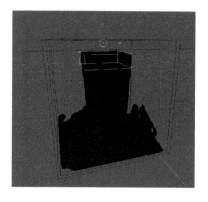

fig. 87 simulazione del getto di liquido

La metodologia di composizione è del tutto analoga a *Fluid*, già vista precedentemente.

Anche il pannello **Inflow** presenta gli stessi parametri.

ESERCIZIO n. 10: GETTO D'ACQUA PROVENIENTE DA UN RUBINETTO

In questo esercizio realizzeremo il getto d'acqua proveniente da un rubinetto.

Potete creare un rubinetto e un lavello o scaricare il *file* di supporto *fluido 5 rubinetto.blend*.

Inseriamo nella scena una piccola sfera e posizioniamola all'interno del diffusore del miscelatore.

L'oggetto emettitore può essere una sfera, un cubo o una qualsiasi *mesh*, considerando che la forma del getto sarà legata a quella della *mesh*.

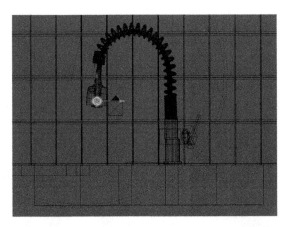

fig. 88 inserimento della sfera *Inflow* all'interno del diffusore del miscelatore

Assegniamo quindi alla sfera la fisica *Fluid Inflow* e modifichiamo i parametri relativi ai vettori *Inflow Velocity* nel pannello *Fluid*:

$$x = -0.15; y = -0.15; z = -1.$$

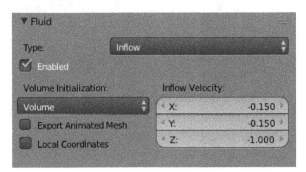

fig. 89 modifica dei parametri vettoriali *Inflow Velocity*

89

In questo modo forzeremo la spinta del fluido ulteriormente verso il basso (z negativo) e lievemente verso x e y dando una direzione diagonale del getto.

Nel *tab Object* della sfera, nel pannello *Ray Visibility*, togliamo tute le spunte in modo che non venga renderizzata.

Aggiungiamo un cubo e scaliamolo, in modo che contenga la sfera e la vasca. Assegniamo al cubo la fisica *Fluid Domain*, regolando adeguatamente i parametri relativi alla risoluzione e alla visualizzazione (*Display*).

Impostiamo *Water* come *Viscosity Preset*.

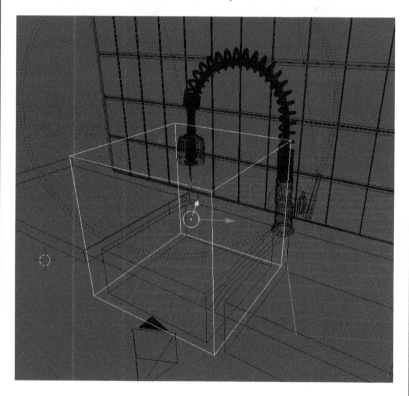

fig. 90 inserimento del dominio

90

Selezioniamo il lavello e assegniamogli la fisica *Fluid Obstacle*.

Assegniamo infine il materiale acqua (*Glass*) al dominio e lanciamo il *Bake*.

Immediatamente il dominio si contrarrà sulla sfera.

Al termine del processo di *baking* possiamo aggiungere al dominio un modificatore *Subdivision* Surface e lo Smooth, quindi lanciare l'animazione.

Il risultato è sorprendente.

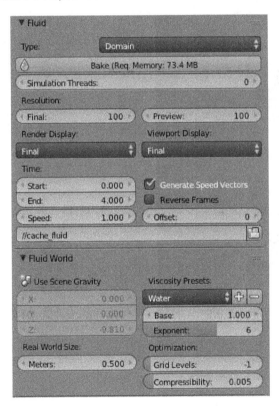

fig. 91 impostazioni di base del dominio

fig. 92 *render* del getto d'acqua

2.7.4. Type Outflow

Selezionando questa tipologia, qualsiasi fluido che entra nella regione di questo oggetto sarà eliminato (si pensi di uno scarico o un buco nero).

L'oggetto **Outflow** deve essere compreso nel dominio e incidente con il flusso generato da un *Fluid* o un *Inflow*.

Il pannello **Fluid** dispone di pochi parametri, gli stessi già trattati per la modalità *Inflow*.

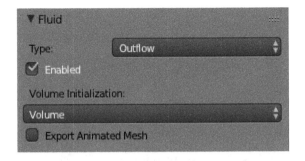

fig. 93 il pannello *Fluid Outflow*

2.7.5. Type Obstacle

Obstacle rappresenta quello che per *Cloth* è stato *Collision*. Questa tipologia, infatti, all'interno della simulazione dei fluidi, devia, contiene o impedisce il percorso dei liquidi.

Si immagini, come utilizzo pratico, un contenitore, una barriera (come una diga), uno scivolo, un condotto, un tubo, il letto di un fiume...

Per chiarire il funzionamento, proponiamo un paio di esercitazioni.

 ESERCIZIO n. 11: LIQUIDO CHE SCORRE IN UN TUBO

Per realizzare il tubo partiamo da una curva alla quale forzeremo uno spessore, ponendo *Full* come *Fill* nel pannello *Shape* del *tab Data* e nel pannello *Geometry*, un *Depth* a 0.3 e *Resolution* a 7.

Facciamo in modo che il tubo sia in pendenza.

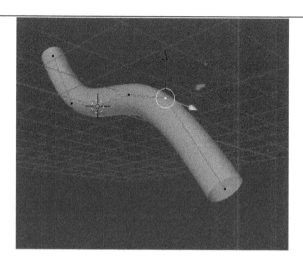

fig. 94 la curva 3D

Con la combinazione di tasti ALT + C trasformiamo la curva in *mesh* e applichiamo il modificatore *Solidify* con *Thickness* a 0.5.

Aggiungiamo lo *Smooth* e l'*Edge Split* per definire meglio curvatura e bordi netti.

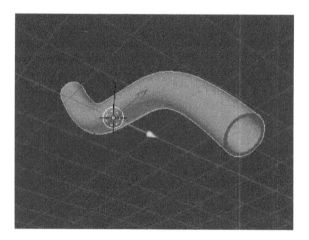

fig. 95 il tubo trasformato in *mesh* con i modificatori applicati

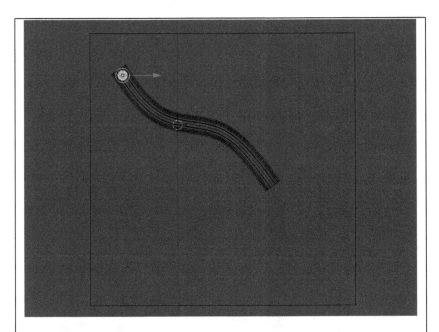

fig. 96 composizione della scena

Assegniamo al dominio la fisica *Fluid Obstacle* e il *Volume Initialization* come *Shell*.

Aggiungiamo una piccola sfera e poniamola all'ingresso del tubo in alto. Assegniamo alla sfera la fisica *Fluid Inflow*.

Aggiungiamo il dominio, impostando la risoluzione a 120.

Infine lanciamo il *Bake*.

Al termine del processo, applichiamo un materiale trasparente (*Glass*) al tubo e un materiale trasparente colorato al liquido e, lanciando l'animazione, il liquido correrà nel tubo e fuoriuscirà riempiendo la vasca definita dal dominio.

Per evitare che il fluido permei dal tubo, è necessario che la risoluzione sia sufficientemente alta.

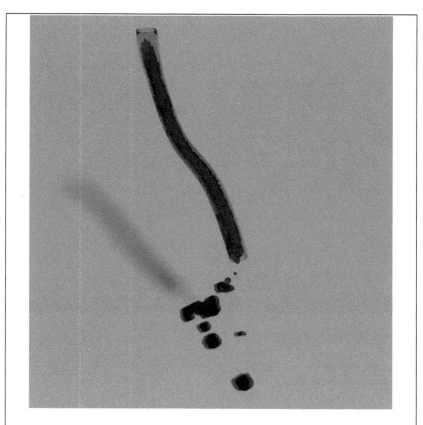

fig. 97 *render* dell'animazione

Il pannello **Fluid Obstacle** dispone dei seguenti parametri:

- *Volume Initialization* e *Export Animated Mesh* hanno le stesse funzioni descritte in precedenza;

- Il menu *Boundary Type* determina la vischiosità della superficie dell'ostacolo. L'adesione della superficie dipende direttamente, nel mondo reale, sul fluido e la granulosità o qualità di attrito / adesione / assorbimento della superficie. Sono disponibili 3 opzioni:

- *No Slip* impone al fluido di rispettare l'ostacolo (velocità zero);

- *Free Slip* consente il movimento lungo l'ostacolo;

- *Partial Slip* mescola entrambi i tipi, con 0 sbilanciandosi verso *No Slip* e 1 verso *Free Slip*.

- *Amount* definisce la quantità di miscelazione tra *Slip* e *No Slip*, secondo quanto sopra descritto.

- *Impact Factor*, se l'ostacolo non è in movimento, questa opzione non incide in alcun modo, altrimenti determina una correzione sull'impatto.

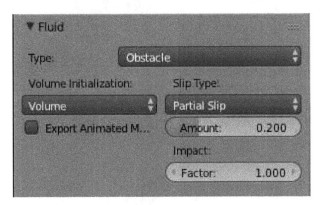

fig. 98 il pannello *Fluid Obstacle*

NOTA: E' necessario assicurarsi che le normali dell'oggetto *Obstacle* **siano correttamente rivolte verso l'esterno della** *mesh* **e, in ogni caso, verso la provenienza dell'emissione del fluido.**

ESERCIZIO n. 12: LIQUIDO CHE SI INFRANGE CONTRO UN OSTACOLO

In un dominio, inseriamo una sfera *Inflow* in cui venga forzata una spinta in direzione *x* di 1 e *z* -1.

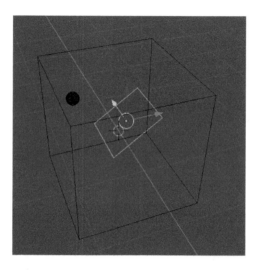

fig. 99 composizione della scena (in arancio l'*Obstacle*

fig. 100 *render* della simulazione

Aggiungiamo un piano inclinato e impostiamo come *Obstacle*, quindi lanciamo il *Bake*.

Al termine del processo il fluido verrà sparato verso l'ostacolo, che ne devierà il flusso, facendolo scivolare nel contenitore.

2.7.6. Type Control

L'opzione **Control** è molto usata nell'ambito degli effetti speciali. Tale metodo consente di controllare il moto del fluido in modo da regolarne il flusso, plasmarne la forma, creando forme organiche fluide.

Si tratta di una sorta di campo di forza che impone al fluido un comportamento specifico, determinato dal moto o dalle trasformazioni dell'oggetto *Control* durante una specifica sequenza.

ESERCIZIO n. 13: UNA SFERA D'ACQUA FUORIESCE DA UNA VASCA PIENA

Questo esercizio chiarirà il concetto prima di analizzare nel dettagli i parametri del pannello *Fluid*.

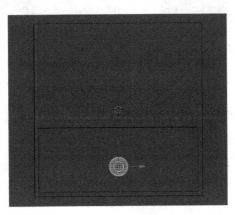

fig. 101 il dominio, il *Fluid* e la *Monkey* che funge da *Control*

99

Inseriamo nella scena un dominio e un *Fluid*.

Inseriamo ora nella scena, immerso nel parallelepipedo *Fluid* una sfera, opportunamente proporzionata.

Apriamo la *Properties Bar* della 3D view, posizionando il puntatore del mouse su uno dei parametri *Transform Location*, con la sfera selezionata, digitiamo I. Verrà creato un *keyframe*. Posizioniamoci nella *Timeline* al fotogramma 250, solleviamo la sfera oltre il livello del *Fluid* e clicchiamo nuovamente I, dopo aver posizionato la freccetta de mouse su *Location*.

Se lanciamo l'animazione con ALT + A, la sfera si solleverà fino a raggiungere la posizione specificata nel secondo *keyframe*.

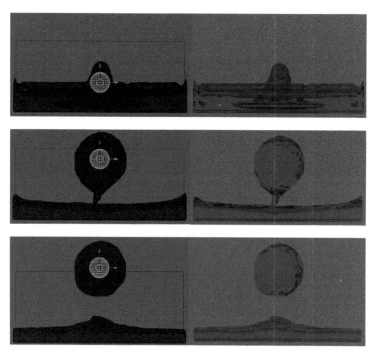

fig. 102 *rendering* delle fasi della simulazione

100

Torniamo al fotogramma 0 e dopo aver definito nel dominio una sufficiente risoluzione (200) e nel *Control* una qualità (*Quality*) di almeno 50, lanciamo il *Bake* e attendiamo la fine del laborioso processo di calcolo.

Al termine del calcolo, lanciamo l'animazione.

La sfera si solleverà fuoriuscendo dal liquido, che verrà attratto attorno al *Control* e si solleverà al di fuori del volume liquido, rimanendo in sospensione.

Impostiamo il materiale del dominio e togliamo tutte le spunte del pannello *ray Visibility* del *Fluid* e del *Control* in modo che non vengano visualizzati in fase di *rendering*.

fig. 103 vista prospettica di un fotogramma della simulazione

Vediamo quali sono i parametri di regolazione contenuti nel pannello **Fluid Control**.

101

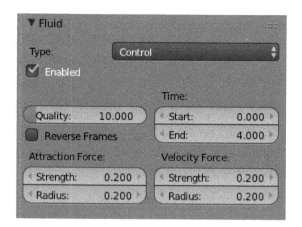

fig. 104 il pannello *Fluid Control*

Quality regola la qualità della simulazione, aggiungendo particelle alla simulazione.

Spuntando *Reverse Frames*, il moto delle particelle viene invertito.

Time (*Start* e *End*) definisce la durata assoluta della simulazione, spalmata poi per tutti i fotogrammi della *Timeline*.

I due parametri contenuti nella sezione *Attraction Force* definiscono l'incidenza dell'attrazione (*Strength*) e il raggio di azione o influenza del *Control* sul fluido (*Radius*).

I due analoghi parametri relativi alla sezione *Velocity Force* controllano l'attrazione in caso di movimento dell'oggetto fluido.

Provate a invertire il moto della sfera, inserendo in *keyframes* dalla posizione in alto al fotogramma 0 alla posizione immersa all'ultimo fotogramma dell'animazione e impostando un valore – 0.1 allo *Strength* della sezione *Attraction* del pannello *Fluid Control* della sfera.

fig. 105 l'effetto repulsivo della sfera che entra nel liquido (*Strength* = - 0.1)

> **NOTA:** Impostando valori negativi nello *Strength* relativo alla forza attrattiva, si otterrà un effetto repulsivo, per il quale, all'avvicinarsi dell'oggetto *Control* al fluido, questo formerà una depressione.

ESERCIZIO n. 14: UNA FONTANELLA

Inseriamo un dominio e, all'interno del quale una piccola sfera, in basso, in cui siano forzate le spinte del getto in direzione x, y e z positivi.

Inflow Velocity:	
X:	1m/s
Y:	1m/s
Z:	2m/s

fig. 106 *Inflow Velocity*

fig. 107 *render* del getto d'acqua

Lanciamo il *Bake* e otteniamo un getto in diagonale verso l-alto. Naturalmente, regolando il parametro z dell-*Nflow velocity* [possibile ottenere altri effetti come, ad esempio, zampilli.

Ad esempio, ponendo x = 0; y = 0; z = 4, si ottiene un risultato completamente differente.

fig. 108 zampillo d'acqua (z = 4)

2.7.7. Type Particle

Con questa ultima opzione è possibile combinare la fisica dei fluidi con il sistema particellare.

Nei prossimi capitoli avremo modo di puntualizzare questa potente tecnica, che per ora accenneremo.

Questo metodo permette di generare schizzi, particelle in sospensione (simulando ad, esempio il vapor acqueo), gocciolamento lungo le superfici di confine.

Proviamo, per fare il solito esempio pratico, a realizzare un getto d'acqua, ad esempio prodotto da una fontana.

ESERCIZIO n. 15: SPRUZZI, SCHIZZI, SCHIUMA

Inseriamo un dominio cubico, scaliamolo di dimensioni ingrandendolo di 10 volte e azzeriamo la scala. Rinominiamolo *Domain* e assegniamogli la fisica *Fluid Domain*.

Inseriamo all'interno del dominio un cubo più piccolo, posizioniamolo in alto e assegniamogli la fisica *Fluid Inflow*, forzando una spinta orizzontale y pari a 12 m/s².

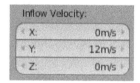

fig. 109 impostazioni delle spinte *Inflow Velocity*

Inseriamo quindi altri 3 cubi delle stesse dimensioni del precedente e posizioniamoli uno sulla destra dell'*Inflow*, uno sulla sinistra e uno alle spalle.

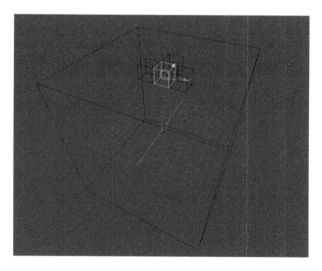

fig. 110 composizione della scena

106

Rinominiamo i nuovi oggetti: *Inflow* per il cubo emettente fluido; *Drop Particles* (gocce) per il cubo sulla destra, *Float Particles* (schiuma) per il cubo sulla sinistra; *Tracer Particles* (goccioline di superficie) per il cubo alle spalle dell'*Inflow*.

Lanciamo il *Bake* del dominio per visualizzare l'effetto del getto d'acqua contro la parete del dominio.

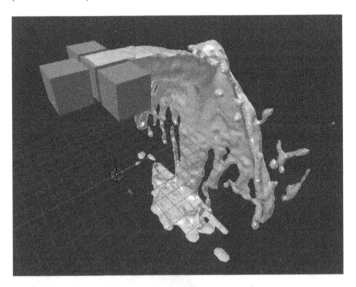

fig. 111 *baking* della simulazione

Assegniamo i colori e i materiali agli oggetti per renderli immediatamente riconoscibili.

Al dominio assegniamo un materiale *Glass* per simulare un liquido, al cubo di destra (*Drops Particles*) un colore blu, al cubo di sinistra (*Float Particles*) rosso, al cubo alle spalle (*Tracer Particles*) verde.

Nel *tab Material* possiamo indicare il colore nella tavolozza *Viewport Color* nel pannello *Settings* per visualizzare i colori anche in modalità *Solid* nella 3D view.

fig. 112 impostazioni del *Viewport Color*

fig. 113 *rendering* della composizione

108

A questo punto selezioniamo il dominio e impostiamo la risoluzione a 120.

Selezioniamo quindi il cubo blu e aggiungiamo la fisica *Fluid Particle*, spuntando *Drops* per indicare il comportamento di goccioline e vapor acqueo emesse dal fluido. Imponiamo 0.1 come *Size* (dimensioni) e 2 come trasparenza (*Alpha*).

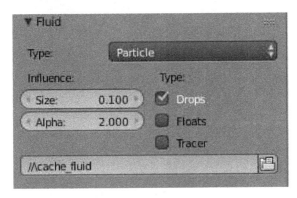

fig. 114 il pannello *Fluid Particle* del cubo *Drops Particles*

Facciamo lo stesso con il cubo rosso (*Float Particles*) spuntando *Floats* e imponendo *Size* = 2 e *Alpha* = 2.

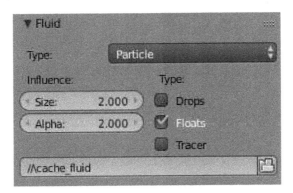

fig. 115 il pannello *Fluid Particle* del cubo *Drops Particles*

Infine operiamo nello stesso modo per *Tracer Particles*.

Spuntiamo *Tracer* e imponiamo *Size* = 2 e *Alpha* = 2.

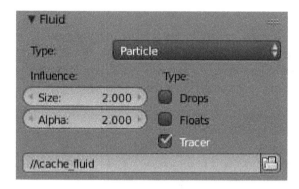

fig. 116 il pannello *Fluid Particle* del cubo *Tracer Particles*

Selezioniamo nuovamente il dominio e nel pannello *Fluid Particles* e impostiamo 10000 *Tracer* e 0.25 *Generate* per indicare al dominio di generare le particelle.

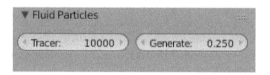

fig. 117 il pannello *Fluid Particle* del dominio

Lanciamo nuovamente il *Bake*, quindi l'animazione.

Il getto d'acqua urterà con forza la parete invisibile del dominio, generando spruzzi, ma anche particelle in sospensione, particelle in superficie e particelle che colano sulle pareti del dominio.

Lanciando il *rendering* queste particelle cubiche saranno visualizzate nei fittizi colori che abbiamo assegnato in modo da poterle facilmente riconoscere.

In realtà, studiando i materiali, potremmo utilizzare un *glass* per le particelle in sospensione e per quelle che colano lungo le pareti del dominio (*Tracer*) e un *diffuse* bianco per la schiuma.

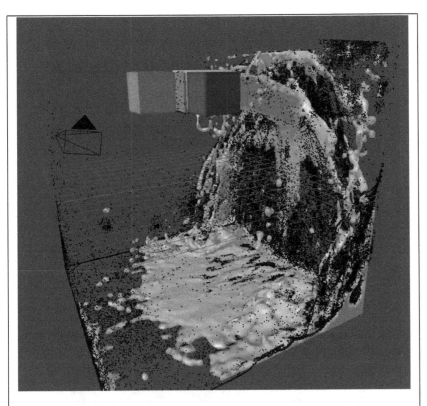

fig. 118 simulazione del getto d'acqua con particelle

A questo punto spostiamo con M i 4 cubi in un *layer* spendo per non visualizzarli e inseriamo in un punto qualsiasi della scena tre piccole icosfere al minimo della divisione poligonale (1).

Rinominiamole *ico_drops; ico_floats* e *ico_tracers* per riconoscerle.

Ad ognuna di queste assegniamo il modificatore di tipo *Simulate Particle Instance*.

fig. 119 assegnazione del modificatore *Simulate Particle Instance* alle tre icosfere

Ad ognuna di queste, nella casella *Object* inseriamo il cubo corrispondente (*Drops Particles* a ico_drops... e così via. Spuntiamo inoltre *Size* per generare particelle di forme variabili.

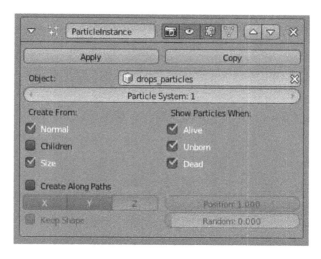

fig. 120 il pannello del modificatore *Particle Instance*

Lanciando l'animazione verranno visualizzate le piccole icosfere al posto dei cubi che seguiranno il comportamento particellare dei cubi a cui è stata imposta l'istanza.

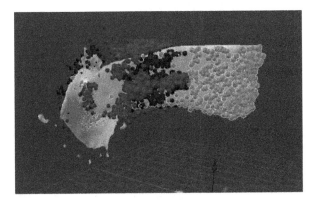

fig. 121 le icosfere generate col sistema particellare

Possiamo ulteriormente scalare le icosfere fino ad ottenere una proporzione migliore, assegnare i giusti materiali alle particelle, illuminare la scena e lanciare *rendering* e animazione.

fig. 122 *rendering* dell'animazione

Il pannello **Fluid Particle** permette quindi di definire il numero e il comportamento delle particelle emesse dal fluido dominio.

Nella sezione *Influence*, *Size* permette di renderizzare particelle di dimensioni variabili (lasciando il parametro a 0, saranno tutte identiche), mentre *Alpha* consente di applicare una componente trasparente per valori maggiori di 0, in funzione delle dimensioni della particella emessa.

La sezione *Particle Type* consente di scegliere, attivando le relative spunte, il comportamento delle particelle tra *Drops* (schizzi in superficie e particelle in sospensione); *Floats* (schiuma e particelle galleggianti); *Tracer* (goccioline che cadono dalla superficie di contatto del dominio o degli ostacoli e vapor acqueo).

Il percorso *Path* definisce la cartella della *cache* della simulazione del sistema particellare.

2.8. Smoke

Tra i simulatori volumetrici di Blender *Smoke* è senza dubbio il più interessante.

Con questo simulatore è possibile generare fumo e fiamme in pochi passaggi.

Anche in questo caso, così come è stato già ampiamente descritto per *Fluid*, è necessario definire un campo d'azione o *Dominio* della simulazione, entro il quale si sviluppano gli effetti volumetrici.

Questo dominio è semplicemente un parallelepipedo, presumibilmente allungato in direzione z.

Facciamo un semplice esercizio, prima di definire nel dettagli i vari parametri.

 ESERCIZIO n. 16: FUMO, FUOCO E FIAMME

Inseriamo nella scena un parallelepipedo, opportunamente scalato in direzione z.

All'interno di questo parallelepipedo, inseriamo una piccola sfera, a cui applicheremo un modificatore *Subdivision Surface* a 3 divisioni e lo *Smooth*.

Selezioniamo ora il parallelepipedo. Questo rappresenterà il dominio della simulazione.

Con la selezione attiva, nel *tab Physics* della finestra *Properties*, clicchiamo sul pulsante *Smoke*.

La prima cosa da fare è impostare *Domain* al simulatore cliccando sull'omonimo *Switch*.

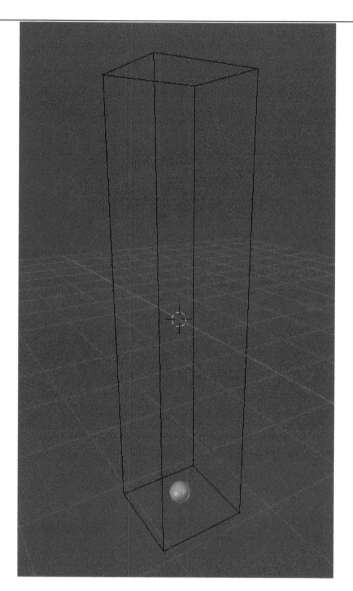

fig. 123 composizione della scena

Si attiveranno una serie di pannelli che analizzeremo in seguito.

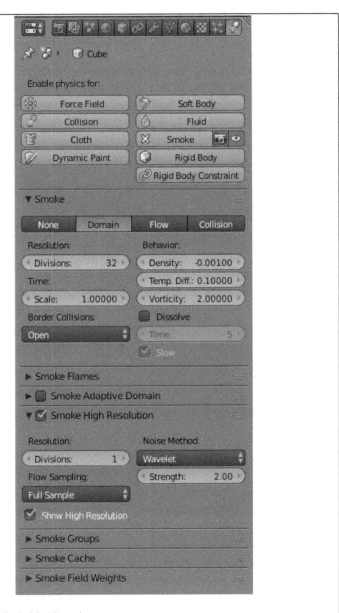

fig. 124 i pannelli relativi al *Domain*

117

Selezioniamo ora la sfera e assegniamo anche a questa la fisica *Smoke*, specificando però l'opzione *Smoke Flow*.

Di *default* il menu *Flow Type* è impostato su *Smoke* ad indicare che deve essere generato esclusivamente del fumo. Selezioniamo invece *Fire + Smoke*, specificando a Blender che intendiamo generare anche il fuoco.

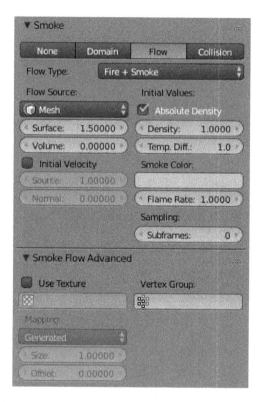

fig. 125 i pannelli relativi a *Flow*

A questo punto possiamo lanciare l'animazione digitando ALT + A. Questa partirà immediatamente generando uno sbuffo di fumo grigio che si innalzerà lungo il dominio e una fiamma che prenderà corpo.

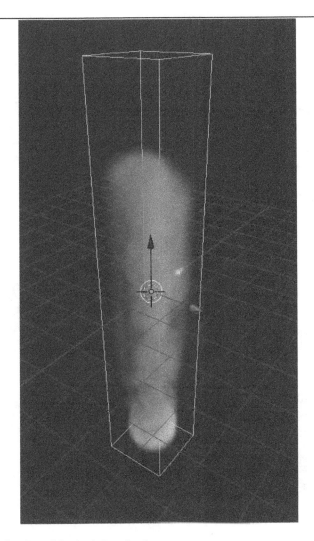

fig. 126 animazione della simulazione *Smoke*

Ripetiamo ora tutto il procedimento partendo dal parallelepipedo e dal menu *Object* dell'*header* della 3D view, scegliamo il sottomenu *Quick Effects* da cui possiamo definire la simulazione *Smoke*.

119

Verrà immediatamente generato un secondo parallelepipedo interno, già impostato come *Smoke Flow*, mentre al parallelepipedo originale verrà assegnato *Smoke Domain*.

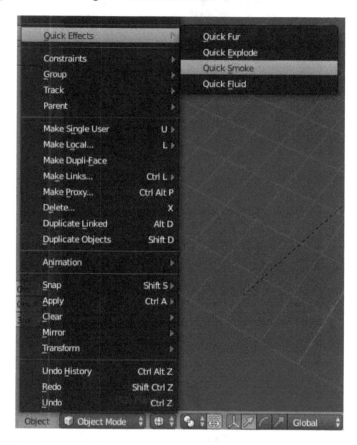

fig. 127 il menu *Quick Effects*

Il vantaggio di questo procedimento è che al fumo verrà automaticamente applicato un materiale.

Proviamo a verificarlo, selezionando il dominio e cliccando sul *tab Material*. Apriamo anche il *Node Editor* e osserviamo la composizione dei nodi che definiscono il materiale "*fumo*".

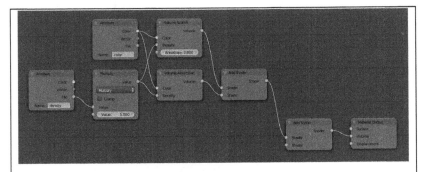

fig. 128 la configurazione dei nodi che definiscono il materiale "fumo"

NOTA: Si noti che la configurazione confluisce nel socket input *Volume* del nodo *Material Output*. Questo però si tratta di un effetto volumetrico e non di un materiale di superficie.

Proviamo a lanciare il rendering.

Se utilizzate una scheda video con la GPU, vi accorgerete subito che non verrà rappresentato alcun fumo, né alcuna fiamma. Come mai?

Il motivo va ricercato nella gestione della simulazione che, al momento, non è ancora supportata dalla GPU.

Selezioniamo CPU e lanciamo nuovamente il rendering.

Questa volta il processo parte regolarmente.

Al di là del risultato non ancora apprezzabile, noterete certamente che il fuoco non viene ancora rappresentato.

Il motivo è semplice: non è stato definito il materiale relativo al "fuoco".

La configurazione automatica dei nodi, infatti, si riferisce soltanto al fumo.

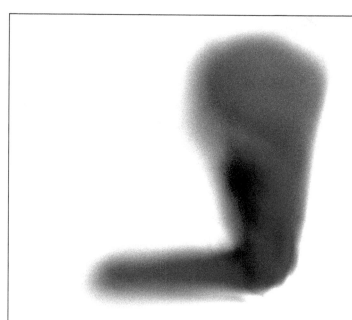

fig. 129 il primo *render* del fumo

Il materiale relativo al fuoco andrà aggiunto e creato *ad hoc*.

Nella configurazione di nodi esistente, aggiungiamo un nuovo nodo *Attribute* (o copiamo uno di quelli esistenti con SHIFT + D). Nella casella in basso nominiamolo **esattamente** "***flame***".

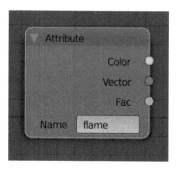

fig. 130 nodo *Attribute flame*

Nel paragrafo successivo vedremo nel dettaglio come utilizzare i nomi del nodo *Attribute*.

Osservando il fuoco avrete certamente notato che la colorazione è variabile, a secondo della temperatura. Nella zona centrale il colore è chiaro, molto luminoso. La colorazione può essere sulla scala del giallo o del blu a seconda della temperatura. Nelle zone periferiche il colore è invece meno luminoso.

Per ottenere questa gradazione inseriamo un nodo *ColorRamp* e uniamolo al *socket Fac* del nuovo nodo *Attribute*.

Nel *ColorRamp* possiamo definire la scala cromatica della fiamma, la cui colorazione varia dal bianco all'arancio scuro.

Aggiungiamo due punti di colore e impostiamoli come in figura.

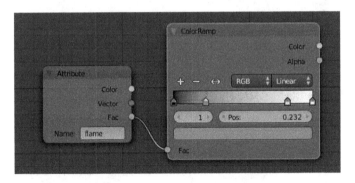

fig. 131 *ColorRamp*

Per rendere esponenziale l'effetto della variazione dei colori aggiungiamo un nodo *Math*, impostato come *Multiply* e connettiamo anche questo nodo al *socket Fac* in uscita dell'*Attribute*.

Impostiamo su un valore di moltiplicazione alto 8almeno 5 o 6) il secondo contatore del nodo *Math*.

Aggiungiamo quindi un nodo *shader Emission*, in quanto il fuoco effettuerà effettivamente una luce.

Al *socket* di ingresso *Color* dell'*Emission* collegheremo il *Color* in uscita del *ColorRamp*, mentre al *socket* di ingresso *Fac* il *socket* in uscita *Value* del nodo *Math Multiply*.

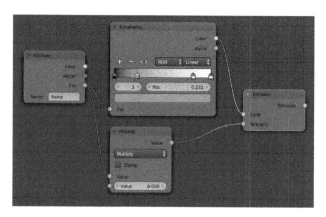

fig. 132 *Multiply* ed *Emission*

Possiamo collegare infine l'uscita dell'*Emission* al secondo *socket* dell'esistente *Add Shader*.

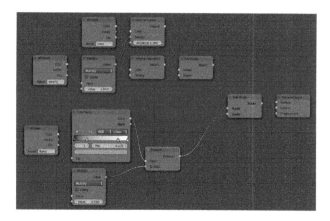

fig. 133 configurazione globale dei nodi per fuoco e fumo

124

Possiamo lanciare nuovamente il *rendering*. Questa volta il fuoco verrà visualizzato.

fig. 134 *rendering* del fuoco e del fumo

Il comportamento del fumo e del fuoco può essere impostato nei parametri presenti nei relativi pannelli, che andremo via via ad elencare.

Lo scoppiettio della fiamma, il comportamento emittente, lo sbuffo di fumo, il crepitio, possono essere definiti agendo in questi parametri.

2.8.1. Ulteriori informazioni sul nodo *Attribute*

Il nodo *Attribute* dispone della casella di testo *Name*.

In questa casella di testo è possibile definire il tipo di informazione che verrà utilizzata per definire una determinata funzione.

Il testo da inserire non è casuale o arbitrario, ma può essere scelto a seconda delle opzioni disponibili.

Attualmente è possibile indicare, digitandoli esattamente nella casella di testo, i seguenti attributi:

a) **density** (densità), da utilizzare su un oggetto dominio. Fornisce un valore scalare che definisce la densità del fumo all'interno del dominio;

b) **flame** (fiamma), da utilizzare per un oggetto dominio. Fornisce un valore scalare che definisce le informazioni sull'oggetto fuoco;

c) **color** (colore), utilizzato su un oggetto dominio, fornisce il colore del fumo;

d) **N**, che fornisce informazioni sulle normali di un oggetto;

e) **Ng**, *che fornisce le reali normali di un oggetto;*

f) **pointiness**, che restituisce uno scalare riferito alla curvatura della superficie di un oggetto, basandosi sulle sue normali;

g) **uv**, che fornisce le coordinate *UV* della mappa attiva;

h) **generate** (genera), che restituisce le coordinate generate dell'oggetto;

i) **tangent** (tangente), che fornisce le coordinate della tangente utilizzando la mappa UV attiva dell'oggetto;

j) **name of uv map**, che si riferisce al nome della mappa *UV*, ottenendo le coordinate UV memorizzate in una specifica mappa appartenente all'oggetto con un materiale applicato;

126

k) **name of vertex color set**, che fa in modo che i colori dei vertici siano memorizzati nel *datablock* colore.

2.8.2. Smoke Domain

In questo ambito avviene l'intera simulazione, come visto per *Fluid*. Applicando questo tipo di opzione alla fisica *Smoke* di un parallelepipedo, si attiveranno una serie di pannelli.

Il pannello **Smoke Domain** contiene le informazioni e i parametri principali riguardanti la geometria, la risoluzione e la natura del dominio e dell'effetto volumetrico.

Resolution Division regola la risoluzione dell'effetto volumetrico. Di *default* è impostato a 32 campioni.

La sezione *Behavior* definisce il comportamento del fumo e del fuoco e in particolare:

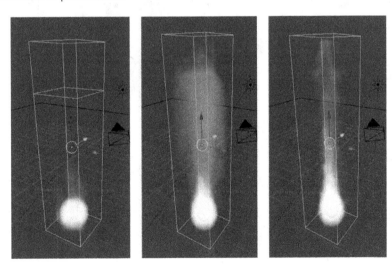

fig. 135 la colonna di fumo varia a seconda del valore *Density*. Da sinistra verso destra è impostato rispettivamente a -2; -1; 4

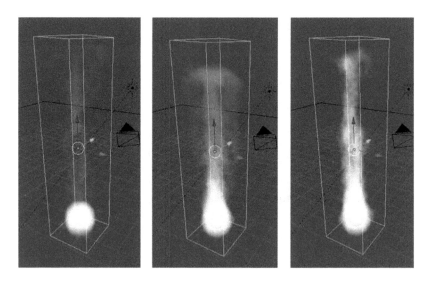

fig. 136 la fiamma sprigionata varia la sua altezza a seconda del valore *Temp Diff*. Da sinistra verso destra è impostato rispettivamente a 0; 0.2; 1

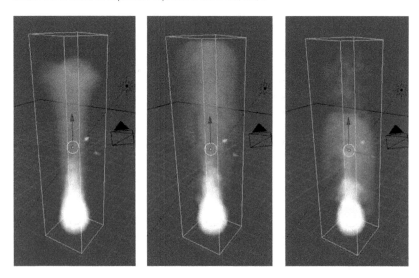

fig. 137 la fiamma sprigionata varia il suo comportamento a seconda del valore *Vorticity*. Da sinistra verso destra è impostato rispettivamente a 0.01; 1; 4

- *Density* imposta la densità del fumo. Per valori negativi il fumo avrà un "*peso*" maggiore che gli impedirà di elevarsi. Regolando questo parametro si definirà quanto la colonna di fumo salirà lungo il dominio;

- *Temp Diff* determina il comportamento della fiamma, se presente;

- *Vorticity* definisce il comportamento globale vorticoso e scoppiettante della fiamma e del fumo. Il valore minimo (0.01) produce una fiamma e uno sbuffo di fumo piuttosto regolare e costante. Per valori più alti (massimo 4) si otterrà un comportamento più irregolare, a emissioni.

Il cursore *Time Scale* (0.2 - 1.5) regola la velocità di esecuzione assoluta della simulazione. DI *default* il valore è impostato a 1. Per rallentare l'esecuzione, ottenendo una fiamma morbida e lenta vanno impostati valori bassi, mentre per ottenere fiammate violente valori più alti.

Spuntando *Dissolve*, il fumo si dissolverà rapidamente secondo il valore impostato in *Time*, mentre togliendo la spunta su *Slow*, si inverte i fattori di scala del tempo di dissoluzione con la funzione 1/x.

Il menu *Border Collision* definisce il comportamento del fumo e del fuoco quando entrano in collisione con i limiti del dominio. Nel menu sono disponibili 3 opzioni:

- *Open* fa in modo che il fumo e il fuoco scompaiano quando attraversa i confini dell'oggetto dominio;

- *Vertically Open* fa In modo che il fumo e il fuoco si estinguano quando si scontra con la parte superiore e inferiore del dominio;

- *Collide All* fa in modo che i confini di dominio siano considerati come oggetti di collisione, imponendo al fumo di scontrarsi e rimanere all'interno.

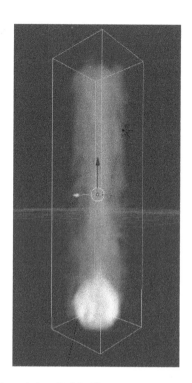

fig. 138 *Border Collision* impostato a *Collide All*

fig. 139 *render* dell'effetto volumetrico *Smoke* dopo la regolazione dei parametri

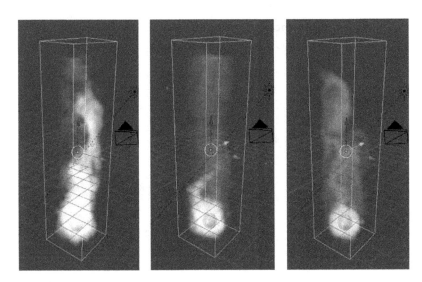

fig. 140 la fiamma sprigionata varia la velocità di emissione a seconda del valore Speed. Da sinistra verso destra è impostato rispettivamente a 0.1; 0.7; 2

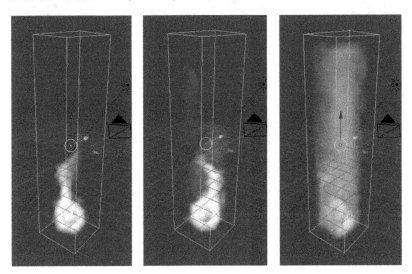

fig. 141 il fumo prodotto è funzione del parametro Smoke. Da sinistra verso destra è impostato rispettivamente a 0; 0.5; 4

131

Il pannello **Smoke Flames** si riferisce specificamente al comportamento del fuoco.

Nella sezione *Reaction* vi sono tre parametri:

- *Speed* controlla la velocità di emissione del fuoco (tra 0.1 e 2). Per valori minimi si otterrà una fiamma improvvisa e violenta, simile a quella di un lanciafiamme, mentre, per valori elevati, un fuoco più rilassato.

- *Smoke* definisce quanto fumo produce la fiamma (tra 0 a 4). Impostando 0 non verrà prodotto fumo.

- *Vorticity* si riferisce al comportamento vorticoso della sola fiamma (valori tra 0 e 1). 0 produce una fiamma costante e regolare, 1 una fiamma vorticosa e imprevedibile.

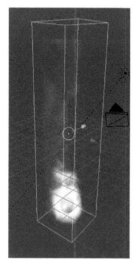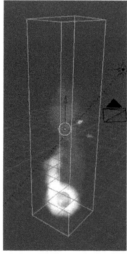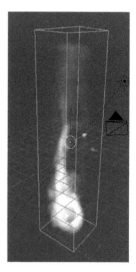

fig. 142 il *Vorticity* definisce il comportamento e l'imprevedibilità della fiamma. Da sinistra verso destra è impostato rispettivamente a 0; 0.5; 1

I due valori *Temperature* (*Ignition* e *Maximum*) definiscono la temperatura della fiamma all'accensione e al punto di picco.

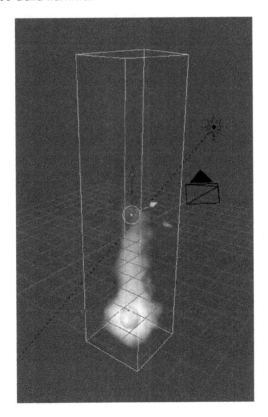

fig. 143 il pannello *Smoke Flames*

Infine la tavolozza *Smoke Color* definisce il colore di base del fumo emesso dalla fiamma.

fig. 144 la tavolozza *Smoke Color* impostata sul colore rosso

Il pannello **Smoke Adaptive Domain** contiene tre parametri che regolano ulteriormente la definizione della simulazione.

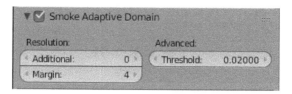

fig. 145 il pannello *Smoke Adaptive Domain*

Additional aggiunge delle particelle (*cells*) alla simulazione.

Margin regola l'interferenza dei confini del dominio con l'effetto volumetrico.

Advanced Threshold regola il massimo numero di particelle (*cells*) emesse prima che venga estinto l'effetto volumetrico.

Attivando il pannello **Smoke High Resolution** si attivano alcune opzioni utili per ottenere un effetto ad alta risoluzione della simulazione utilizzando algoritmi che aggiungono del rumore alla risoluzione inferiore della fisica *Smoke*.

Resolution Divisions migliora la risoluzione del fumo aggiungendo del rumore.

Il menu *Emitter* smussa l'emissione del fumo secondo uno dei tre algoritmi disponibili.

La spunta *Show High Resolution* mostra l'effetto in alta definizione.

Il menu *Noise Method* consente di scegliere il tipo di rumore applicato.

Strength definisce l'intensità di rumore applicato.

Nel pannello **Smoke Group** possono essere individuati due gruppi di oggetti esterni alla simulazione che limitino rispettivamente il flusso emesso e le collisioni.

fig. 146 il pannello *Smoke Groups*

Il pannello **Smoke Cache** contiene gli stessi parametri già descritti in altre simulazioni e consente di effettuare il *baking* della simulazione *Smoke*.

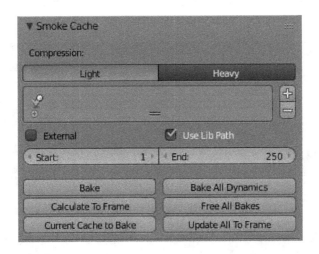

fig. 147 il pannello *Smoke Cache*

L'ultimo pannello, infine, **Smoke Field Weights**, definisce in che quantità le forze esterne presenti nella scena influiscono attivamente sulla simulazione *Smoke*.

135

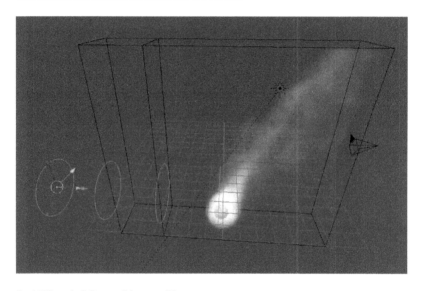

fig. 148 il pannello *Smoke Field Weights*

Ad esempio, aggiungendo un *Force Field Wind* nella scena (in questo caso con *Strength* impostata a 40), il vento soffierà in direzione del fuoco deviando la fiamma e il fumo.

fig. 149 il vento influenza il fuoco e il fumo

2.8.3. Smoke Flow

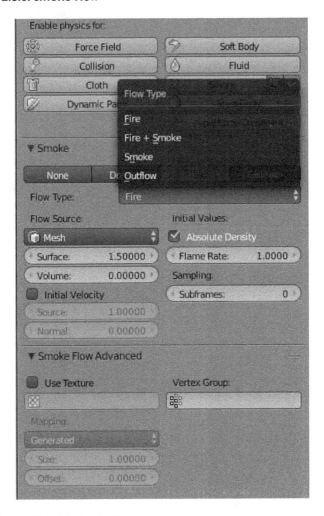

fig. 150 i pannelli relativi a *Smoke Flow*

La *mesh* emettente fuoco e/o fumo all'interno del dominio (la sfera negli esempi precedenti) va impostata come *Flow* nel pannello **Smoke Flow**.

La prima cosa da specificare, come visto in precedenza, è la tipologia di emissione. Questa è definita nel menu *Flow Type* e consente di scegliere fra *Smoke* (solo fumo), *Outflow* (nessun fumo) oppure la miscellanea tra fuoco e fiamme, ugualmente funzionante impostando *Fire* oppure *Fire + Smoke*.

Il menu *Flow Source* definisce invece la sorgente emettente l'effetto volumetrico. Può essere impostata come *Mesh*, ottenendo un effetto generato in funzione della forma della *mesh* emettente, oppure come *Particle*, riferendosi a un sistema particella esterno.

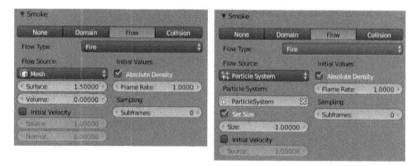

fig. 151 il pannello *Smoke Flow* impostando *Flow Source* come *Mesh* (a sinistra) e come *Particle* (a destra)

A seconda della scelta si attivano o disattivano parametri specifici.

a) Nel primo caso (*Mesh*) possono essere specificati:

- la distanza massima che la simulazione avrà con la superficie della *mesh* (*Surface*);

- la quantità di emissione dall'interno della *mesh* (*Volume*);

- la spunta su *Absolute Density* consente soltanto un dato valore di densità nell'area circostante l'oggetto emettitore;

138

- la capacità globale di emissione dell'oggetto (*Flame Rate*);

- un numero addizionale di particelle nella simulazione (*Subframes*) al fine di ottenere una qualità migliore;

- una capacità di emissione iniziale (spuntando *Initial Velocity*) determinata dai valori *Source* (fattore moltiplicatore dell'emissione) e *Normal* (fattore che influenza l'emissione verso le normali dell'oggetto emettente).

b) Nel secondo caso (*Particle*) possono essere inoltre specificati:

- il sistema particellare da generare (*Particle System*);

- le dimensioni delle particelle (*Size*) attivate con la spunta *Set Size*;

- il fattore di moltiplicazione *Source* dell'emissione;

- la capacità globale di emissione di particelle (*Flame Rate*);

- il campionamento (*Subframes*).

Il pannello **Smoke Flow Advanced** (attivo soltanto con l'opzione Mesh, permette di generare una fiamma secondo una *texture* specificata nella casella *Use texture*, eventualmente riverendosi a una sola parte della *mesh* emettente, definita da uno specifico *Vertex Group*.

Ad esempio, aggiungendo al progetto una *texture* procedurale *Clouds*, scelta nel *tab Texture* della finestra *Properties*, è possibile applicare la *texture* alla simulazione, forzando il comportamento della fiamma e del fumo secondo la scala cromatica della *texture* stessa, un po' come se fosse un *bump*.

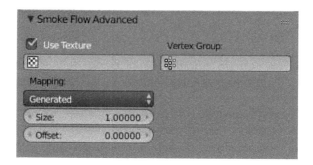

fig. 152 il pannello *Smoke Flow Advanced*

Inserendo la *texture* nel pannello *Smoke Flow Advanced*, e regolando le dimensioni (*Size*) e lo spostamento rispetto alla *mesh* (*Offset*), la simulazione seguirà la progressione cromatica della *texture*, ottenendo maggiore emissione nelle aree chiare e minore nelle aree più scure.

La mappatura della *texture* può essere infine impostata come *Generated* o come *UV* in caso di *mesh scucita*.

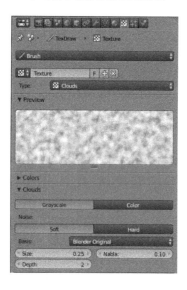

fig. 153 *texture Clouds*

140

Questa funzione è utile per simulare fuochi scoppiettanti, tipici, ad esempio, tra quelli prodotti dei bracieri e nei *barbecue*.

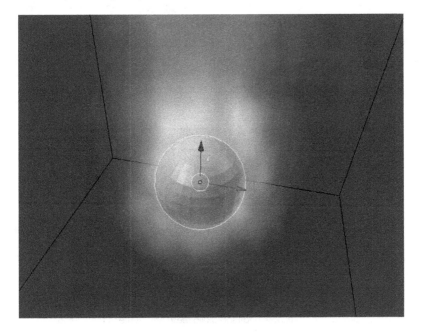

fig. 154 fiamma generata con il filtro *texture*

2.8.4. Smoke Collision

Questa modalità, assegnata ad altri oggetti all'interno del dominio, li rende interagenti con il fuoco e il fumo, impedendone o deviandone l'emissione.

Si pensi, ad esempio, alla legna di un falò, che devia la fiamma.

Proprio questo sarà l'esempio che andremo a realizzare al fine della comprensione del concetto.

ESERCIZIO n. 17: UN FALO'

Inseriamo nella scena alcuni cilindri, opportunamente scalati, suddivisi e deformati in modo da simulare una piccola catasta di legnetti.

Assegniamo a questi un colore nero e posizioniamoli al di sopra della *mesh* emettente (la sfera, nel nostro caso, ma anche, e meglio, un cerchio).

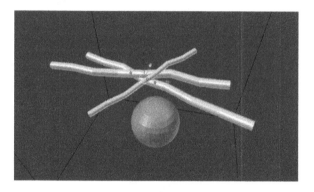

fig. 155 la catasta di legnetti posizionati sopra alla *mesh* emettente fuoco e fumo

Assegniamo ai tre legnetti la fisica *Smoke Collision* e lanciamo l'animazione con ALT + A. La fiamma raggirerà i legni in collisione.

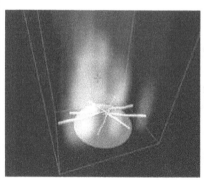 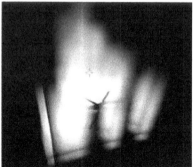

fig. 156 simulazione e *render* del fuoco in collisione con il legni

142

Il pannello **Smoke Collision** dispone di un solo menu, *Collision Type*, in cui è possibile scegliere se l'oggetto in collisione è statico (*Static*), corpo rigido (*Rigid*) o animato (*Animated*).

fig. 157 il pannello *Smoke Collision*

2.9. I modificatori Simulate e il sottomenu Quick Effects

2.9.1. i modificatori *Simulate*

A differenza degli altri modificatori analizzati nei volumi precedenti, i modificatori *Simulate* verranno solo brevemente descritti in questa trattazione perché, molti dei quali, già descritti come effetti fisici e, come vedremo più avanti, come sistema particellare.

Sappiamo che tutte le simulazioni fisiche, così come anche il sistema particellare, vengono automaticamente considerati da Blender modificatori di tipo *Simulate*.

fig. 158 i modificatori *Simulate*

144

Fra questi troviamo: *Cloth, Collision, Dynamic Paint, Explode, Fluid Simulation, Ocean, Particle Instance, Particle System* (che analizzeremo dettagliatamente in seguito), *Smoke* e *Soft Body*.

2.9.2. il sottomenu *Quick Effects*

Come abbiamo avuto già occasione di constatare, alcune simulazioni fisiche e modificatori *Simulate* possono essere richiamati, selezionando un oggetto, nel sotto menu *Quick Effects* che si trova nel menu *Object* posto nell'*header* della 3D view.

La scelta di uno dei quattro effetti disponibili in questo sottomenu, attiva istantaneamente, relativamente all'oggetto selezionato, tutti i pannelli specifici dell'effetto scelto.

Tra questi troviamo:

- *Quick Fur*, che applica alla *mesh* un rapido sistema particellare di tipo *hair*, simulando un cuoio capelluto o una pelliccia. Nel capitolo relativo al sistema particellare (*Particle System*), questo concetto verrà ampiamente descritto;

- *Quick Explode* che genera una esplosione della *mesh*;

- *Quick Smoke* che genera gli elementi utili per la simulazione di fuoco e fumo;

- *Quick Fluid*, che genera gli elementi per la simulazione dei fluidi.

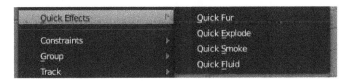

fig. 159 il sottomenu *Quick Effects*

145

2.9.3. Explode

fig. 160 metodi di inserimento della simulazione *Explode*

La simulazione *Explode* non si trova nel pannello *Physics*, ma andrebbe considerata un modificatore.

Può essere, infatti, richiamata in due modi: tra i modificatori *Simulate* (*Explode*) o nel menu *Object*, *Quick Effects* (Quick *Explode*).

Tecnicamente *Explode* modifica la geometria della mesh (opportunamente suddivisa), traslando e ruotando le sue facce in un modo da tracciare un percorso generato dalle particelle emesse da tale oggetto, simulando appunto una esplosione.

Per funzionare, deve sussistere la presenza di un sistema particellare associato al modificatore. Per il momento prenderemo per buone le nozioni, che verranno riprese nel dettaglio in seguito.

Maggiore, inoltre, sarà la suddivisione (e quindi la geometria) della mesh, maggiori saranno i pezzi "*sparati* via" durante l'esplosione.

Vediamo quali sono i parametri disponibili nel pannello del modificatore **Explode**.

fig. 161 il pannello del modificatore *Explode*

Vertex Group permette di definire che solo una parte di vertici (definiti come gruppo di vertici) sia oggetto dell'esplosione.

Protect, attivo solo in presenza di un *Vertex Group* assegnato, elimina gli spigoli rimasti *orfani* sulla *mesh* a seguito dell'esplosione.

Particle UV assegna una mappa che definisce l'età delle particelle emesse.

Spuntando *Cut Edges*, Blender calcola il modo migliore per tagliare i bordi della *mesh*, ottenendo forme più gradevoli e regolari dei pezzi fratturati.

La spunta *Unborn* mostra le *mesh* quando le particelle non sono state ancora emesse.

148

Alive, se spuntato, mostra le *mesh* quando le particelle sono emesse.

Dead, se spuntato, mostra le *mesh* quando le particelle "*muoiono*" a contatto con la collisione (se impostato).

Size, se spuntato, calcola le particelle di dimensioni differenti per un effetto più gradevole.

Il pulsante *Refresh* aggiorna i dati dopo una modifica.

Per lanciare la simulazione, basta digitare ALT + A.

 ESERCIZIO n. 18: ESPLOSIONE DI SUZANNE

Inseriamo nella scena una *Monkey* e un piano opportunamente scalato di dimensioni.

Selezioniamo *Suzanne* ed entriamo in *Edit Mode*. Digitiamo W per suddividere la mesh, oppure applichiamo definitivamente il modificatore *Subdivide*, aggiungendo 2 livelli di geometria.

Con la testa selezionata, andiamo nel menu *Object* dell'*header* della 3D view e, dal sottomenu *Quick Effects* scegliamo *Quick Explode*.

Automaticamente verrà creato un sistema particellare di tipo *Emitter*, di cui ora non ci occuperemo, e aggiunto un modificatore di tipo *Simulate Explode*.

Al piano sarà invece applicato un modificatore *Collision*, necessario per fermare la caduta verso il basso dei pezzi che esploderanno.

Con *Suzanne* selezionata, nella regione *Quick Explode* nella *Tools Shelf*, è possibile definire alcuni parametri utili per l'animazione, quali:

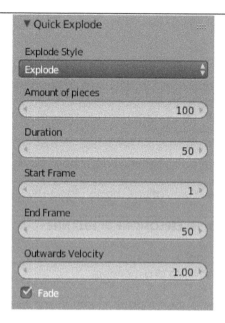

fig. 162 la regione della *Tools Shelf Quick Explode*

- *Explode Style* definisce il tipo di esplosione (tra *Explode* e *Bend*);

- *Amount of Pieces* il numero dei pezzi fratturati;

- *Duration* la durata globale dell'animazione espressa in fotogrammi spalmati nella *Timeline* (che determina, tra l'altro, la velocità di esecuzione);

- *Start Frame* e *End Frame* i fotogrammi di inizio e fine animazione, la cui differenza sta a significare la durata relativa dell'animazione;

- *Outwards Velocity* definisce il fattore di spinta verso l'esterno della mesh (di *default* = 1);

- la spunta su *Fade* dissolve i pezzi col passare del tempo.

Assegniamo 250 come *Duration* e come *End Frame*, quindi lanciamo l'animazione con ALT + A.

La testa della scimmia esploderà in esattamente 100 pezzi, che cadranno sul piano rimbalzando.

fig. 163 esplosione della *Monkey*

2.9.4. Ocean

Lo strumenti di simulazione di distese d'acqua di Blender è detto Ocean e può essere richiamato dai modificatori *Simulate* (*Ocean*).

Il modificatore è stato acquisito dalla *open source Houdini Ocean Toolkit* e simula con estremo realismo le onde oceaniche profonde e la relativa schiuma.

fig. 164 una scena realistica realizzata in Blender con il modificatore *Simulate Ocean*

151

ESERCIZIO n. 19: REALIZZAZIONE DI UN OCEANO

Prima di esaminare ogni parametro, come di consueto, proponiamo una esercitazione completa.

Inseriamo una qualsiasi *mesh* nella scena e assegniamole il modificatore *Simulate Ocean*.

Il cubo verrà trasformato in una distesa ondulata.

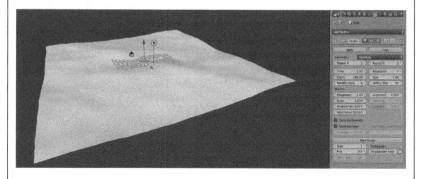

fig. 165 il modificatore *Ocean* trasforma la *mesh* in una distesa ondulata

Impostiamo i parametri *Resolution* a 15 per aumentare la risoluzione del simulatore e il *Choppiness* a 2 per aumentare le increspature. La *mesh* inizia a cambiare aspetto.

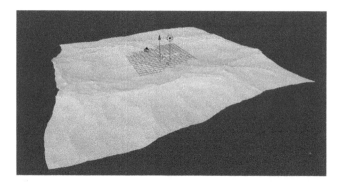

fig. 166 la distesa oceanica con le increspature più definite

152

Impostiamo anche *Wind Velocity* a 10 e *Scale* a 2.

Poiché il simulatore *Ocean* produce un'animazione della *mesh* è necessario impostare dei *keyframe* sul parametro *Time* che definisce, come vedremo meglio in seguito, la durata corrente della simulazione.

Andiamo quindi al fotogramma 0 della *Timeline* e clicchiamo su I puntando il mouse sul contatore *Time*. La casella si colorerà di giallo. Subito dopo, posizioniamoci al fotogramma 100 e digitiamo 7 nella casella *Time*. Quindi, nuovamente puntando il mouse sul contatore, digitiamo nuovamente I, creando un nuovo *keyframe*. La casella si colorerà di giallo.

fig. 167 inserimento dei *keyframes*

Torniamo al fotogramma 0 e digitiamo ALT + A. L'animazione mostrerà le onde muoversi.

Moltiplichiamo adesso la superficie della distesa d'acqua. Digitiamo il valore 3 (ripetizioni) nei contatori *Repeat X* e *Repeat Y*.

Scegliamo quindi l'inquadratura.

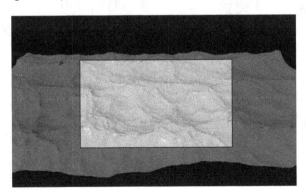

fig. 168 inquadratura

153

Una grande distesa d'acqua rifletterà la luce ambientale.

Aggiungiamo un sole e, nel *tab World* uno *Sky Texture* affinché il cielo venga riflesso dalla superficie del mare.

Assegniamo quindi un *Gossy* come materiale all'oceano con *Roughness* a 0.1. Per dare maggiore luce alla sommità delle onde, duplichiamo il *Glossy* e assegniamo un colore grigio scuro sulla copia.

Colleghiamo al *socket* superiore del *Mix* Shader il Glossy più scuro. Inseriamo un *Mix Shader* tra i due e come fattore di bilanciamento un nodo *Input Layer Weight* con parametro *Blend* a 0.5. Connettiamo al *socket Fac* del *Mix Shader* il *socket Fresnel* del nodo *Layer Weight*.

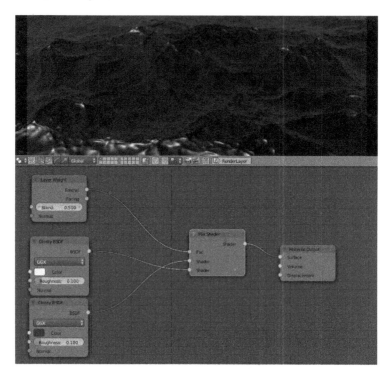

fig. 169 il materiale che definisce il colore dell'oceano

Nel caso volessimo inserire un oggetto parzialmente galleggiante nella scena, sarà necessario aggiungere la rifrazione al materiale dell'acqua, per renderla semitrasparente e deviando i raggi di luce in funzione dell'angolo di vista.

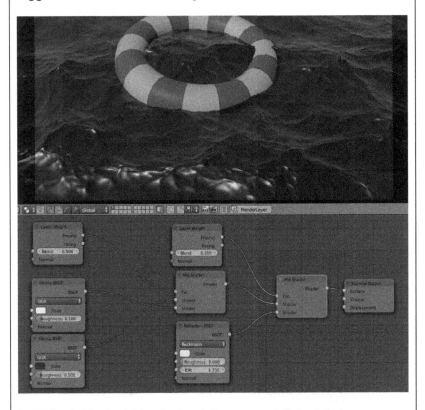

fig. 170 il materiale che definisce il colore dell'oceano con l'effetto di rifrazione

Per generare la schiuma in corrispondenza delle increspature occorre spuntare *Generate Foam* nel pannello del modificatore, regolandone lo spessore *Coverage* a 0.1.

Se proviamo a renderizzare non succede nulla. Questo perché non abbiamo definito alcun colore per la schiuma.

155

Nella casella *Foam Data layer Name* scriviamo *foam*.

fig. 171 parametri per generare la schiuma

Nella configurazione dei nodi aggiungiamo un nodo *Input Attribute* e nella casella *name* inseriamo *foam*. Colleghiamo il *socket* in uscita *Color* a un *Diffuse* e, per il momento, connettiamo l'uscita al *socket* in ingresso *Surface* del *Material Output*.

Se lanciamo il *rendering*, il colore dell'oceano non verrà ovviamente visualizzato, ma la schiuma nella sommità delle onde sarà ben visibile.

Possiamo ulteriormente aggiungere un *Glossy* al colore della schiuma per renderla più lucente.

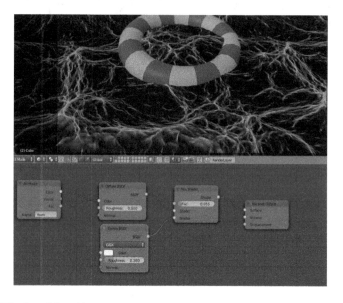

fig. 172 il colore della schiuma

Non ci resta che sommare con il nodo *Add Shader* i due materiali (mare + schiuma) per ottenere l'effetto desiderato.

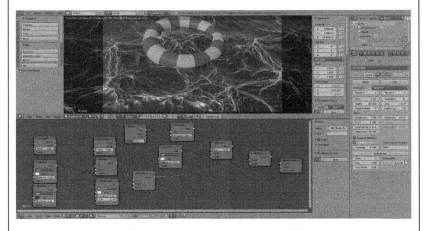

fig. 173 la configurazione definitiva dei nodi che definiscono il colore dell'oceano

A questo punto lanciamo il *Bake* per fissare la simulazione e lanciare il *rendering* di una immagine fissa o dell'intera animazione.

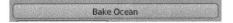

fig. 174 *Bake*

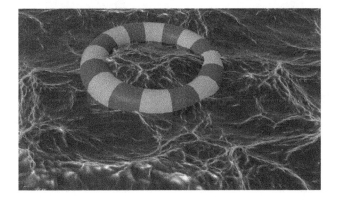

fig. 175 *render* finale

Entriamo ora nel particolare del pannello del modificatore **Ocean**.

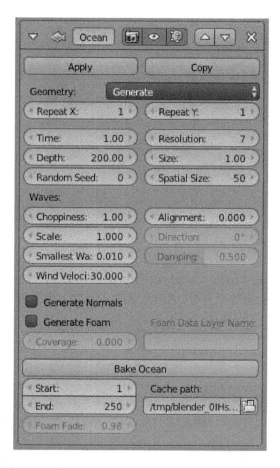

fig. 176 il pannello del modificatore *Ocean*

Nella sezione *Geometry*, in alto, troviamo un menu che definisce le due metodologie di creazione della distesa d'acqua.

Come abbiamo visto in precedenza, l'opzione *Generate* costruisce le onde secondo un modello matematico automatico.

Diplace, invece, necessita necessariamente di partire da una *mesh* piana, adeguatamente suddivisa e con molta geometria,

Displace disattiva alcune opzioni, come *Repeat* perché si basa su un oggetto già definito dal punto di vista geometrico o dimensionale.

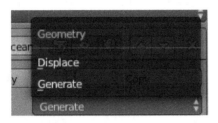

fig. 177 metodi di creazione dell'oceano

I due parametri di moltiplicazione *Repeat X* e *Repeat Y* aggiungono un *array* procedurale alla *mesh in direzione* x e y.

Time è necessario per impostare un *keyframe* direttamente legato ai fotogrammi della *Timeline*. La differenza fra i due valori assegnati ai *keyframe*, spalmati nell'intervallo fra due fotogrammi, determina la velocità di esecuzione dell'animazione.

Depth influenza le dimensioni e il comportamento delle onde, in quanto indica la profondità della distesa d'acqua espressa nell'unità di misura impostata nel *tab World*. Profondità elevate generano onde larghe e basse, rispetto a profondità inferiori, come nella realtà.

Random Seed ricalcola simulazioni casuali differenti.

Resolution definisce la risoluzione dell'oceano. Occorre impostare valori elevati in caso si necessiti di visualizzare onde e increspature particolarmente definite.

Size è un semplice fatto di scala dell'intera superficie. Di *default* è impostato a 1.

159

Spatial Size, invece definisce le dimensioni di intervento di simulazione della simulazione rispetto alla distesa d'acqua.

Nella sezione *Wave* vengono definite le impostazioni relative alle onde.

Choppines regola le increspature delle onde. Per valori bassi, queste saranno morbide e dolci; per valori elevati, increspate e taglienti.

fig. 178 le increspature delle onde sono regolate dal parametro *Choppiness*. Nell'immagine a sinistra è impostato a 1, in quella a destra a 4

Scale è un fattore di scala dell'effetto di *displacement* delle onde.

Smallest Wave definisce le dimensioni dell'onda più piccola che verrà generata.

Wind Velocity determina il comportamento delle onde, simulando la velocità del vento che le genera.

Allignment e *Direction* sono i due parametri principali che definiscono l'allineamento costante delle onde. Si pensi alla frequenza in cui le onde del mare procedono verso la deriva. *Allignment* è un parametro che definisce se le onde saranno allineate o no, mentre *Direction* (espresso in gradi) l'angolo di direzione.

Nella realtà, inoltre, esiste un effetto in cui le onde minori tendono a procedere nella direzione opposta a quella del vento. Questo effetto è definito dal cursore *Damping* (tra 0 e 1).

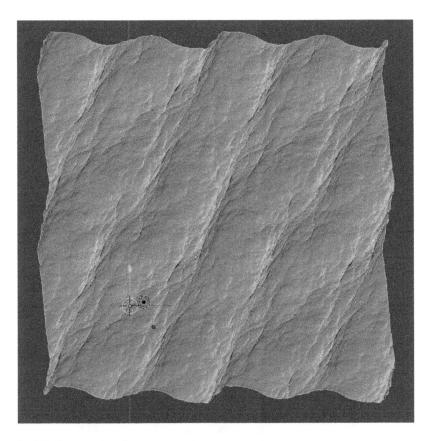

fig. 179 allineamento delle onde

La spunta su *Generate Normals*, di solito disabilitata, serve a regolare le normali della *mesh* quando si desidera utilizzare una *texture* per generare le increspature con il modificatore *Displacement*.

La spunta *Generate Foam*, come visto nell'esercizio, serve per disegnare sui bordi delle increspature la schiuma tipica del mare mosso. L'opzione è legata al contatore *Coverage* che definisce lo spessore della schiuma ramificata e alla casella di testo *Foam Data Layer Name* che serve per nominare l'attributo *foam* (schiuma) nella definizione del colore con i nodi.

Il pulsante *Bake Ocean* crea le informazione nella *cache* (definita nella cartella *Cache* path), relativamente all'animazione dell'oceano.

Start e *End* indicano il fotogramma di inizio e fine simulazione.

Foam Fade determina infine l'effetto di smorzamento della schiuma durante l'animazione.

2.9.5. Particle Instance

Questo modificatore *Simulate*, come visto nell'esercizio relativo alla generazione delle particelle, associa a una *mesh* il comportamento di un sistema particellare assegnato ad un'altra *mesh*.

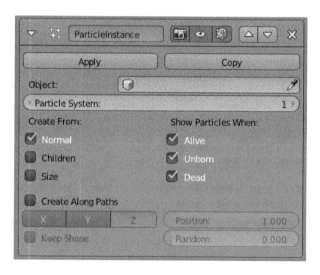

fig. 180 il pannello del modificatore *Particle Instance*

Questa seconda *mesh* su cui fare riferimento viene indicata nella casella *Object* del pannello **Particle Instance**.

Il contatore *Particle System* definisce un indice al sistema particellare.

Nella creazione della schiuma è possibile generare le normali (spuntando *Normal*), sotto particelle legate a quelle principali (spuntando *Children*) e dimensioni differenti (spuntando *Size*).

Inoltre le particelle possono essere visualizzate quando vengono generate mentre esistono (spuntando *Alive*), mentre devono essere generate (spuntando *Unborn*) e mentre vengono eliminate, ad esempio per collisione (spuntando *Dead*).

Create Along Path forza il percorso delle particelle secondo gli assi *x, y, z*.

La spunta su *Keep Shape* impedisce all'oggetto particella di deformarsi.

I cursori *Position* e *Random Position* impostano rispettivamente un fattore sulla posizione delle particelle lungo il percorso e un fattore di posizionamento casuale.

2.10. Force Field

I *Force Field* sono oggetti che possono essere inseriti all'interno della scena 3D con la normale combinazione di tasti SHIF + A, oppure dal menu *Add* dell'*header* della 3D view.

fig. 181 inserimento di un *Force Field*

Questi speciali campi di forza offrono un ulteriore modo per aggiungere movimento in diversi sistemi dinamici: particelle, corpi soffici, corpi rigidi, oceani e *cloth*, possono essere influenzati dai campi di forza.

Questi influiscono automaticamente nel comportamento di queste simulazioni e l'intensità può essere gestita separatamente oggetto per oggetto.

Una volta inserito un campo di forza (*Force Field*), verrà immediatamente associato un pannello di controllo specifico nel *tab Physics*, i cui parametri sono comuni per una buona percentuale a tutti i campi disponibili.

fig. 182 il pannello *Force Field* nel *tab Physics* associato a un campo di forza *Wind*

165

I *Force Field* disponibili nel menu di inserimento e nel menu Type del pannello *Force* Field sono:

-*Force*, che genera una forza generica repulsiva;

-*Wind*, che genera un vento direzionale;

-*Vortex*, che genera una forza dal moto vorticoso;

-*Magnetic*, che genera un campo magnetico;

-*Harmonic*, che genera un moto armonico;

-*Charge*, che genera un campo attrattivo/repulsivo verso particelle anch'esse caricate e di segno opposto;

-*Lennard-Jones*, che genera un campo che tenta di mantenere l'equilibrio fra gli oggetti in modo che a distanze prossime gli oggetti si respingano e a distanze ampie si attraggano;

-*Texture*, che genera un campo di forza complesso secondo le componenti di colore di una *texture* (rosso influisce in direzione *x*; giallo in direzione *y*; blu in direzione *z*;

- *Curve Guide*, che genera un campo di forza legato al percorso di una curva, in modo da guidare le particelle secondo un percorso definito da una curva di riferimento;

- *Boid*, che simula il comportamento intelligente di vita artificiale di massa. Si pensi ad esempio al moto degli uccelli o di un esercito;

- *Turbolence*, che genera un campo di forza turbolento e irregolare;

- *Drag*, che resiste e rallenta il moto delle particelle;

166

- *Smoke Flow*, che simula il moto informe del fumo.

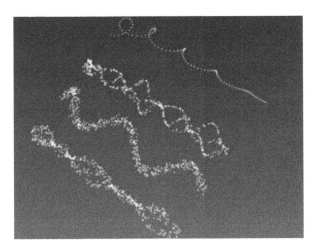

fig. 183 particelle il cui moto è forzato dal percorso di una curva

Il parametro *Shape* definisce se il campo di forza debba avere un comportamento globale omnidirezionale (*Point*) o planare (*Plane*) in modo da operare in modo costante nel piano *xy*.

Strength determina l'intensità del *Force Field*;

Flow imposta una componente al campo di forza che regoli l'emissione come un flusso;

Noise produce un rumore nel comportamento del campo di forza.

Seed genera differenti configurazioni casuali del comportamento del campo di forza;

Location e *Rotation* attivano o disattivano l'effetto del campo su particelle in movimento e in rotazione.

Absorbption consente alla forza di essere assorbita e smorzata dagli oggetti in collisione.

167

Nella sezione *Falloff* è possibile impostare tre opzioni:

- *Sphere*, che definisce un comportamento della forza costante in tutte le direzioni;

- *Tube*, che definisce un comportamento del campo di forza unidirezionale;

- *Cone*, che determina un comportamento simile, nello smorzamento, alla forma di un cono.

Il menu *Z Direction* impone alla forza di agire in direzione z positiva, negativa o entrambe.

Power determina quanto l'influenza del campo di forza vari con la distanza dall'oggetto, con un rapporto $1/r^2$, in cui r è il raggio o la distanza inserita.

Max Distance rende il campo di forza attivo solo entro un raggio massimo specificato (indicato da un cerchio aggiuntivo intorno all'oggetto).

Min Distance indica la distanza dal centro dell'oggetto, fino al punto in cui il campo di forza è efficace con piena forza.

Questi parametri sono comuni a tutti i campi di forza. Alcuni campi, tuttavia, dispongono di parametri aggiuntivi specifici.

Vediamo quali sono i parametri relativi ai rispettivi campi:

a) *Harmonic*:

- *Rest Length* controlla la lunghezza rimanente della forza armonica;

- *Module Springs* fa in modo che ogni punto possa essere colpito da più sorgenti.

168

- b) *Texture*

- *Texture mode* imposta il modo in cui un vettore forza deriva dalla struttura. Sono disponibili tre opzioni:

  - *RGB* utilizza le tre componenti del colore della *texture* direttamente come i componenti vettoriali direzionali;

  - Gradient calcola il vettore forza come gradiente 3D di intensità in funzione della scala di grigi della *texture*;

  - *Curl* calcola il vettore forza dalla *texture* 3D RGB (rotazione dei vettori RGB). Può essere utilizzato ad esempio per creare un effetto di turbolenza con una *texture Clouds* colorata con un Noise di tipo *Perlin*;

- *Nabla* è l'*offset* utilizzato per calcolare le derivate parziali necessarie al gradiente e in modalità di *Texture Curl*;

- *Use texture Coordinates* utilizza le coordinate oggetto emettitore (oltre a rotazione e scala) come spazio delle particelle. Permette di muoversi in campi di forza che hanno le loro coordinate legate alle coordinate della posizione di un oggetto;

- *Root Texture Coordinates* è utile per il sistema particellare Hair (capelli), in quanto utilizza la *texture* come forza calcolata per la posizione della radice delle particelle per tutte le parti del capello;

- Il pulsante *2D* ignora le particelle con coordinate *z* e utilizza solo particelle *x* e *y* come coordinate della *texture*.

c) Curve Guide

- *Minimum Distance* definisce la distanza dalla curva, fino al punto in cui il campo di forza è efficace con piena forza;

- *Free* imposta una frazione di tempo di vita delle particelle, che non viene utilizzata per la curva;

- *Fall-off* regola la forza della guida tra i valori *MinDist* e *MaxDist*. Il valore di *Fall-off* pari a 1 indica una progressione lineare;

- *Additive* determina che la velocità delle particelle venga valutata anche in funzione del *Fall-off*;

- *Weights* utilizza i *Curve Weights* per l'influenza delle particelle lungo la curva;

- *Use Max* definisce il raggio massimo di influenza. Viene indicato da un cerchio aggiuntivo intorno all'oggetto curva;

- *Clumping Amount* determina se le particelle si debbano unire procedendo insieme alla fine della curva (1) oppure se divergere (-1);

- *Shape* definisce la forma in cui le particelle si incontrano. Inserendo il valore 0,99, le particelle si incontrano alla fine della curva. Inserendo 0 si ottiene una progressione lineare lungo la curva. Con un valore -0.99, le particelle si incontrano all'inizio della curva;

- Il menu *Kink* definisce invece la forma del campo di forza tra *Curl*, *Radial*, *Wave*, *Brade*, *Rotation* e *Roll*.

d) Turbolence

- *Size* imposta la scala del rumore prodotto;

- *Global* rende la dimensione e la forza del rumore relativo al mondo impostato (*World*), anziché all'oggetto a cui è collegato.

e) *Drag*

. *Linear* è un parametro che regola il trascinamento della componente in modo proporzionale alla velocità;

- *Quadratic* è un parametro che regola il trascinamento della componente in modo proporzionale al quadrato della velocità.

 ESERCIZIO n. 20: UN CUBO SOSPESO A MEZZ'ARIA

Con questo semplicissimo esercizio inseriremo in un sistema di corpi rigidi un vento che manterrà un cubo in caduta dall'alto sospeso a mezz'aria.

Una volta inserito un cubo *Rigid Body Active* e un piano *Rigid Body Passive*, inseriamo un *Force Field Wind*, puntato verso z positivo, con una forza (*Strength*) a 235.

Lanciando l'animazione il cubo rimarrà sospeso senza toccare mai terra.

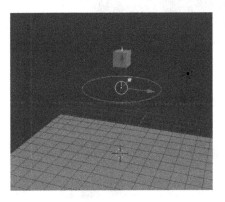

fig. 184 l'effetto dell'animazione

2.11. L'Addon Cell Fracture

Nel quarto volume verranno analizzati alcuni *Addon*, ma *Cell Fracture* è così interessante e legato alla dinamica dei corpi rigidi, che abbiamo preferito inserirlo in questo contesto.

Per inserirlo tra le funzioni della vostra interfaccia di Blender, è necessario aprire le preferenze e, tra gli *Addons*, attivare *Cell Fracture* con la spunta.

fig. 185 *Cell Fracture*

Il pulsante che attiva questa simulazione ad una *mesh* selezionata si trova nel pannello *Edit* del *tab Tools* della *Tools Shelf*.

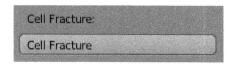

fig. 186 il pulsante *Cell Fracture*

Cell Fracture consente di associare una collisione, sia essa attiva o passiva, dell'oggetto a cui è stata assegnata questa dinamica, con altri oggetti della scena, provocato la fratturazione del volume.

Il solido se ne andrà letteralmente in pezzi.

La condizione che *Cell Fracture* funzioni correttamente sta nella suddivisione della *mesh* che, quindi, dovrà avere una geometria elevata.

Facciamo un esempio.

ESERCIZIO n. 21: UN CUBO CHE, CADENDO DALL'ALTO, URTA IL PAVIMENTO E VA IN PEZZI

Selezioniamo il cubo di *default*, entriamo in *Edit Mode* e digitiamo W, scegliendo l'opzione *Subdivide*. Impostiamo 10 suddivisioni, quindi torniamo in *Object Mode* e solleviamolo, ruotandolo.

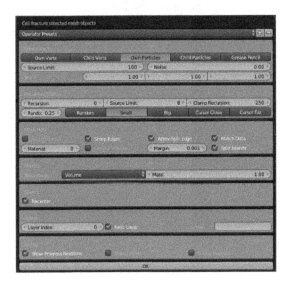

fig. 187 il pannello di controllo *Cell Fracture*

Col cubo selezionato clicchiamo sul pulsante *Cell Fracture*. Lasciamo inalterato ogni parametro del pannello che si aprirà.

Dopo alcuni secondi di calcolo, nel *layer* 2, verrà creato il cubo completamente crepato.

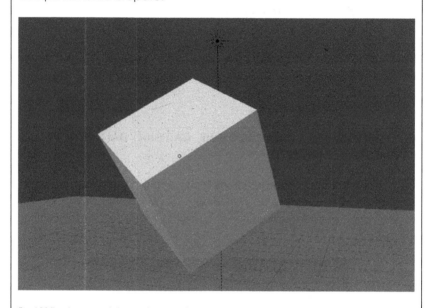

fig. 188 il cubo completamente crepato

Selezioniamo uno dei pezzi e assegniamo la fisica *Rigid Body Active*.

Invertiamo la selezione, quindi selezioniamo di nuovo l'elemento precedente, tenendo premuto SHIFT, in modo che nella selezione globale risulti come elemento attivo.

Nel *tab Physics* della *Tools Shelf*, clicchiamo sul pulsante *Copy From Active* nel pannello *Rigid Body Tolls* in modo da rendere tali tutti gli altri pezzi.

Inseriamo quindi un piano a cui imporremo un *Rigid Body Passive*.

fig. 189 *Copy from Active*

Eliminiamo quindi il cubo originale.

Lanciando l'animazione con ALT + A, il cubo fratturato cadrà dall'alto e, a contatto col piano andrà in pezzi, esattamente 100, come imposto nel pannello di controllo.

fig. 190 a contatto col piano, il cubo andrà in pezzi

Come si può vedere, il funzionamento di *Cell Fracture* è semplice e molto interessante.

Le interazioni che questo simulatore, tuttavia, non sono legate al solo *Rigid Body*.

Cell Fracture, ad esempio, risponde anche se urtato da oggetti in movimento e può creare fratture anche in modo non uniforme, seguendo ad esempio la densità di segni disegnati appositamente con il *Grease Pencil*, come vedremo nel prossimo esercizio.

Inoltre, gestisce egregiamente la differenziazione di materiali, tra superfici esterne e interne. Immaginiamo una tazzina che si rompe. I pezzi presenteranno parti smaltate e parti grezze del coccio.

Vediamo prima, nel dettaglio, le opzioni disponibili nel pannello **Cell Fracture**.

Nella prima sezione *Point Source*, si definiscono le modalità di rottura della *mesh*.

Sono disponibili 5 pulsanti che impostano la sorgente (o le sorgenti) che produrrà i pezzi: *Own Verts*, *Child Verts*, *Own Particles*, *Child Particles*, *Grease Pencil*.

Quest'ultimo permette di concentrare la frattura, con elementi più piccoli, secondo la densità dei tratti disegnati precedentemente sulla *mesh* con lo strumento *Grease Pencil*, impostato su Object.

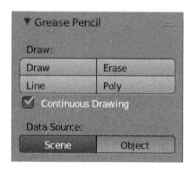

fig. 191 impostazioni del *Grease Pencil*

176

L'effetto è utile. Si pensi ad esempio che gli oggetti contusi, normalmente producono maggiori frammenti nella zona prossima alla collisione.

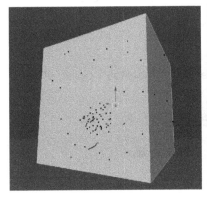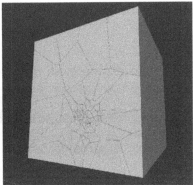

fig. 192 nelle zone in cui i puntini disegnati con il *Grease Pencil* sulla *mesh* sono più fitti le fratture saranno più frequenti e i pezzi più piccoli

Il contatore *Source Limit* impone il numero massimo di pezzi prodotti, che saranno proporzionali alla geometria della *mesh*.

Noise genera un rumore nella distribuzione e della forma dei pezzi.

Scale dispone di tre parametri (x ,y, e z) che forzano una scalatura dei frammenti secondo le tre direzioni degli assi cartesiani di riferimento.

Nella sezione *recursive Shatter*, *Recurse* imposta un parametro per definire in che modo i cocci debbano essere rotti in modo recursivo, mentre *Source Limit* limita il numero dei punti interessati.

Clamp Recursion termina la produzione quando il numero di oggetti indicato nella casella viene prodotto.

Rando è un parametro che definisce la probabilità di ricorsione.

I 5 *switch* definiscono il comportamento dei pezzi (*Random, Small, Big, Cursor Close, Cursor Far*).

Nella sezione *Mesh* data vengono impostati i parametri che definiscono il dettaglio dei pezzi prodotti.

Smooth Faces smussa le facce.

Sharp Edges rende netti e taglienti i bordi;

Apply Split Edge divide ulteriormente gli spigoli vivi.

Match Data confronta il materiale originale della *mesh* con quelli prodotti con la frattura.

fig. 193 il materiale esterno è differente dal materiale interno

Material permette di assegnare più materiali alla *mesh* fratturata. Impostato di *default* su 0 indica che il materiale principale della *mesh* sarà quello da considerare valido per la nuova *mesh* fratturata, sia esternamente sia internamente. Aggiungendo un valore all'indice (1), *Cell Fracture* considererà che il secondo materiale assegnato alla *mesh* sarà quello da ritenersi valido per le parti interne.

Interior VGroup crea un *Vertex Group* dei vertici interni.

Margin crea un lieve *gap* di confine tra gli elementi fratturati.

Split Islands divide le *mesh* disconnesse.

La sezione *Physic Mass Mode* definisce la massa dell'oggetto.

Nel menu *Mass Mode* è possibile definire se gli oggetti debbano far parte di una massa specifica basata sul loro volume (*Volume*) o se ogni oggetto dovrà avere una propria massa specifica.

Il contatore *Mass* definisce la massa dell'oggetto (1 di *default*).

Nella sezione *Object* vi è un solo parametro a spunta, *Recenter* che impone, se attivato, che ad ogni oggetto sia calcolato il centro di massa.

Nella sezione *Scene* si definisce dove il nuovo elemento frattura verrà posizionato nella scena. In particolare *Layer Index* definisce il *layer* dove verrà inserito l'oggetto fratturato, mentre *Next Layer* sposterà automaticamente l'oggetto nel *layer* successivo a quello attivo.

Group permette di inserire gli oggetti (i pezzi) in un gruppo esistente da specificare.

L'ultima sezione *Debug* si riferisce al calcolo della simulazione.

Show Progress Realtime mostra graficamente in tempo reale il processo di rottura durante il calcolo.

Mesh Points crea un *Data Mesh* in cui siano mostrati i punti utilizzati per la frattura.

Debug Boolean, in presenza del modificatore *Boolean*, lo applica definitivamente alla *mesh* originale.

Il pulsante *OK*, infine, lancia il processo di fratturazione della *mesh*.

 ESERCIZIO n. 22: UN PROIETTILE CHE DISTRUGGE UNA TAZZINA

In questo esercizio faremo in modo che un proiettile esploso colpisca una tazzina e la disintegri in mille pezzi.

Carichiamo nella scena il file *tazzina rotta.blend*.

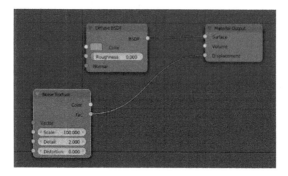

fig. 194 materiale del coccio

Aggiungiamo alla tazzina un secondo materiale, simile al coccio, per simulare le parti interne dopo la frattura.

Oltre al Diffuse di colore arancio aggiungiamo una *Noise Texture* molto fitta per definire il *Displacement*.

Inseriamo ora nella scena una piccola sfera e, in *Edit Mode*, eliminiamone la metà.

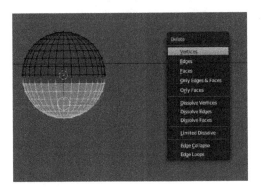

fig. 195 costruzione del proiettile

Estrudiamo i vertici inferiori e chiudiamo la *mesh* digitando F con il cerchio estruso selezionato.

fig. 196 il proiettile

Assegniamo al proiettile un nuovo materiale che riproduca l'oro.

fig. 197 il materiale del proiettile

Ruotiamo il proiettile e posizioniamolo nella scena in modo che punti la tazzina.

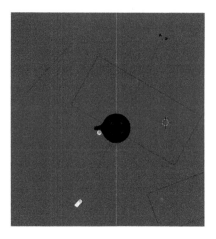

fig. 197 posizionamento del proiettile

Con la tazzina selezionata, attiviamo il *Grease Pencil* e impostiamolo come *Object* e *Surface* in modo da poter disegnare sulla superficie.

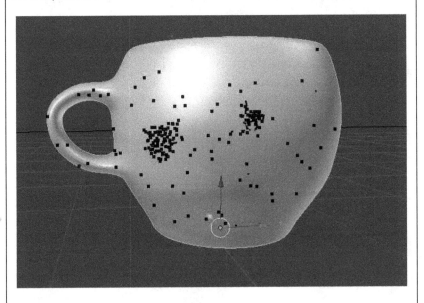

fig. 199 densità dei puntini con il *Grease Pencil*

Disegniamo tanti puntini sparsi sulla superficie della tazzina, rendendoli sempre più fitti e densi in prossimità dei punti in cui il proiettile colliderà con la tazzina.

In pratica in corrispondenza del foro di entrata e del foro di uscita del proiettile.

Inseriamo ora un piano e impostiamolo come *Rigid Body Passive*.

Selezioniamo nuovamente la tazzina e applichiamole la simulazione *Cell Fracture*, attivando anche l'opzione *Grease Pencil* e inserendo il valore 1 all'*Index Material* per definire il materiale delle sezioni interne alla tazzina.

Confermiamo con *OK*.

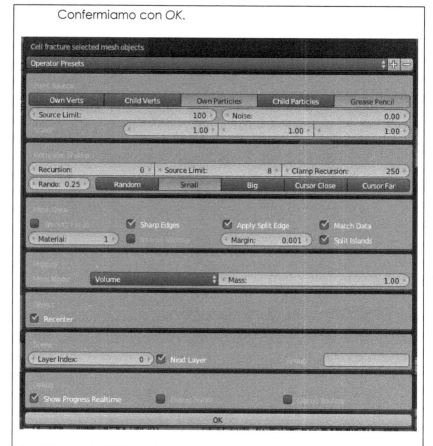

fig. 200 impostazioni del pannello *Cell Fracture*

Al termine del processo la tazzina si fratturerà (in modo specifico in corrispondenza delle aree in cui il proiettile entrerà e fuoriuscirà.

La nuova tazzina fratturata si troverà nel *layer* 2.

Eliminiamo ora la tazzina originale (o nascondiamola con H).

184

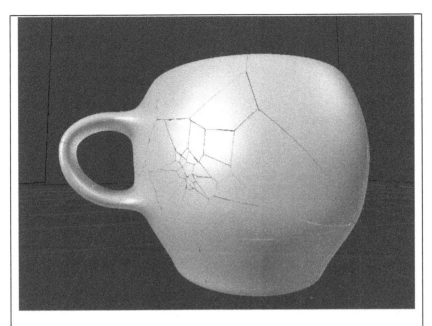

fig. 201 la tazzina fratturata

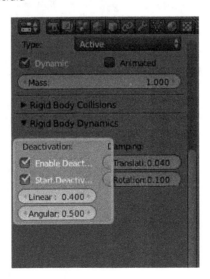

fig. 202 opzioni del *Rigid Body* applicato ai pezzi della tazzina

185

Selezioniamo uno dei frammenti e assegniamogli la fisica *Rigid Body Active*, spuntando le opzioni *Dynamic*, *Enable Deactivation* e *Start Deactivated*, per fare in modo che il corpo rigido reagisca a collisioni di altri corpi rigidi.

Come fatto in precedenza, copiamo anche sugli altri pezzi le stesse impostazioni (*Copy From Active*).

Selezioniamo ora il proiettile e definiamone il percorso con l'uso dei *keyframe*.

Al fotogramma 0 posizioniamo il puntatore del mouse sulle caselle *Transform Location* nella *Properties Bar* e digitiamo I.

Le caselle si coloreranno di giallo ad indicare che è stato assegnato un *keyframe* in quella posizione.

Andiamo al fotogramma 100, spostiamo il proiettile e inseriamo un secondo *keyframe*.

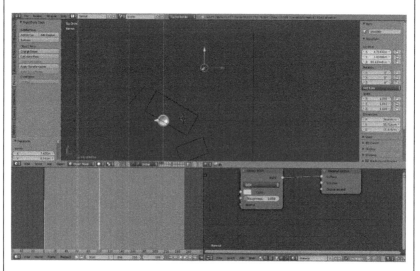

fig. 203 secondo *keyframe* sul proiettile

Lanciando l'animazione il proiettile attraverserà la tazzina, ma questa non si romperà.

fig. 204 il proiettile attraversa la tazzina senza romperla

Questo perché al proiettile non è ancora stato assegnata alcuna fisica *Rigid Body*.

Va impostata su *Active* spuntando *Animated*.

Lanciando nuovamente l'animazione, il proiettile colliderà con la tazzina mandandola in pezzi.

fig. 205 *render* della simulazione

3

LE MODALITÀ
VERTEX PAINT
E WEIGHT PAINT

3.1. Generalità

I vertici rappresentano il cuore di un oggetto 3D.

Sappiamo che operare sui vertici ci permette di modificare la forma, ma non solo.

I vertici possono essere, come abbiamo già visto, raggruppati in modo da poter essere assegnati a un materiale o a una determinata funzione ad essi direttamente legata (un modificatore, un effetto dinamico o fisico, un sistema particellare).

Esistono due modalità, che non abbiamo finora analizzato che consentono una selezione dei vertici alternativa, a quanto conosciamo, utile per associare dati specifici.

Queste modalità sono **Vertex Paint** e **Weight Paint**.

Vediamole entrambe nei paragrafi successivi.

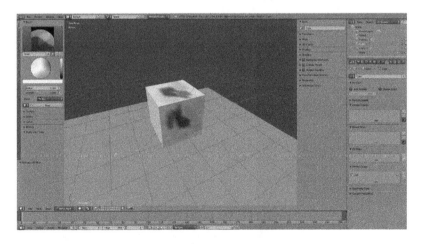

fig. 206 la finestra 3D view in modalità *Vertex Paint*

191

3.2. Vertex Paint

Questa modalità, attivabile nella 3D view, dal menu *Mode*, consente di assegnare ai vertici un colore, non necessariamente legato al materiale, ma a determinati dati legati al vertice stesso o a gruppi.

La tecnica di associazione e colorazione dei vertici è la medesima rispetto a quella già analizzata *Texture Paint*, con la differenza che l'utilizzo di *brush* e tavolozze consentono di dipingere i vertici in luogo delle superfici. Blender stesso opererà interpolando e sfumando il colore sulle facce tra vertice e vertice, ma senza creare un vero file *texture*.

Un po' come nell'ambiente di lavoro *Sculpt Mode*, che vedremo più avanti, sarà quindi possibile agire solo nelle aree dove sono presenti effettivamente vertici.

L'utilizzo del *Vertex Paint* è vario e non impone limiti particolari. Esso può essere utilizzato in modo non troppo differente dal *Texture Paint* o per creare delle maschere, delle trasparenze o dei filtri definiti dai vertici colorati, su materiali associati alla *mesh*, come vedremo nell'esempio di seguito.

ESERCIZIO n. 23: CREARE UNA MASCHERA COLORATA SU UN MATERIALE ASSOCIATO A UNA MESH

In questo esercizio impareremo rapidamente a colorare i vertici, forti della nostra esperienza già acquisita con i *brush* della modalità *Texture Paint*.

Inseriamo nella scena un piano con una *texture* già associata (SHIFT + A, *Image As Plane*). Entriamo quindi in modalità *Vertex Paint*.

fig. 207 modalità *Vertex Paint*

Il piano sarà definito da soli 4 vertici che definiscono una faccia e 4 spigoli.

Nel *tab Tools* della **Tools Shelf** compariranno i *brush* e i parametri relativi alle modalità di pittura, divisi nei vari pannelli.

Regoliamoli a piacimento.

fig. 208 il *tab Tools* della *Tools Shelf* relativa al *Vertex Paint*

Proviamo quindi a dipingere un vertice. Blender automaticamente sfumerà il colore del vertice sulla faccia. Come detto, non sarà quindi possibile dipingere direttamente sulla faccia.

fig. 209 nell'immagine sulla sinistra il piano con il materiale applicato, in quella sulla destra il vertice in alto a sinistra colorato di rosso in modalità *Vertex Paint* (si noti la sfumatura)

Se proviamo a rilanciare il *rendering* non accadrà nulla di particolare. Questo perché la colorazione dei vertici non è associata a nulla. Proviamo quindi a definire sul piano una maggiore geometria, applicando dei *loop* o delle suddivisioni con W e *Subdivide* in *Edit Mode* e poi colorando altri vertici.

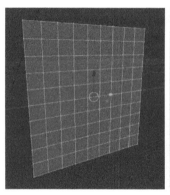 

fig. 210 suddivisione della *mesh* e colorazione dei vertici

Nel *tab Data* della finestra *Properties*, nel pannello *Vertex Colors*, è stato aggiunto un gruppo di vertici colorati, denominato *Col*.

fig. 211 il pannello *Vertex Color* del *tab Data*

Apriamo ora il *Node Editor* e osserviamo che il materiale è stato già precedentemente definito da un nodo *Diffuse* definito da una *texture*.

Aggiungiamo un nodo *Attribute* dal gruppo di nodi *Input* e, nella casella *Name* copiamo esattamente il nome del *Vertex Color* associato, ossia *Col*.

Proviamo a collegare l'uscita *Color* del nodo *Attribute* al *socket* in ingresso *Color* del nodo *Diffuse*.

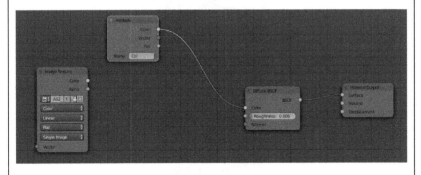

fig. 212 il nodo *Attribute*

Con il nodo *Attribute* stiamo, di fatto, attribuendo una funzione al gruppo di vertici colorati, nella fattispecie, colorare la *mesh*.

Proviamo a lanciare nuovamente il *rendering*: questa volta i vertici colorati verranno renderizzati al posto dell'immagine.

195

fig. 213 *render del Vertex Group*

In *Blender Render*, per renderizzare i vertici colorati, è necessario spuntare la casella *Vertex Color Paint* nel pannello *Option* del *tab Material*.

fig. 214 in *render Blender* attivare *Vertex Color Paint* per renderizzare

Torniamo a *Cycles* e proviamo a mixare il colore dei vertici con la *texture* originale, aggiungendo un nodo *MixRGB* sul quale connetteremo i nodi *Attribute* e *Image Texture*.

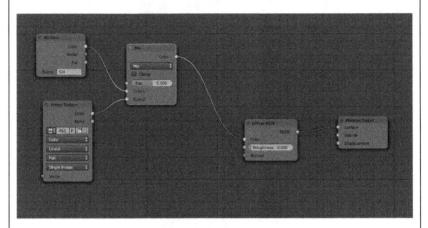

fig. 215 miscelazione della *texture* con il *Vertex Paint*

fig. 216 *render* dei colori

Naturalmente è possibile modificare la colorazione del *Vertex Color*, senza dover necessariamente ridipingere i vertici, ma applicando un nodo di filtro, come ad esempio un *ColorRamp* tra il nodo *Attribute* e il nodo *MixRGB*.

In questo caso, facciamo visare il rosso al blu e il bianco (nessun colore dei vertici) al verde.

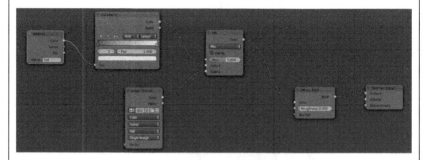

fig. 217 il nodo *ColorRamp* modifica il colore dei vertici

fig. 218 *render* con i colori dei vertici modificati

È logicamente possibile associare una *texture*, inserita nell'omonimo pannello della *Tools Shelf*, per colorare i vertici della *mesh*, così come scegliere il tipo di pennello (*brush*), la forza e il raggio, il metodo di pittura (*Stroke* e *Curve*).

3.2.1. i pannelli della *Tools Shelf* in modalità *Vertex Paint*

Il *tab Tools* della *Tools Shelf* relativo al *Vertex Paint* dispone degli *stessi strumenti* già ampiamente descritti per la modalità *Texture Paint*.

198

3.2.2. la *header* della 3D view in modalità *Vertex Paint*

Analogamente i menu **View, Select** e **Brush** associati a questa modalità che si trovano nell'*header* della 3D view dispongono delle stesse funzioni.

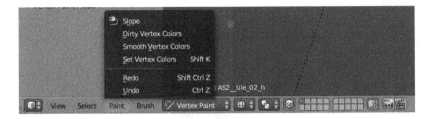

Viene aggiunto un ulteriore menu, **Paint**, che attiva i seguenti strumenti:

- *Dirty Vertex Color*, che aggiunge un *noise* nella sfumatura tra vertici colorati;

- *Smooth Vertex Color*, che smussa e ammorbidisce l'interpolazione fra colori;

- *Set Vertex Color* (SHIFT + K), che assegna al *layer* del *Vertex Color* attivo il colore corrente. I colori possono essere associati a uno specifico *layer*, attivando la relativa casella dei *layer* nell'*header* della 3D view in modalità *Vertex Paint*;

- *Redo* (SHIFT + CTRL + Z) e Undo (CTRL + Z) ripristinano o annullano l'ultima operazione effettuata.

Il pulsante **Face Selection**, se attivato, mostra la geometria della *mesh*, e le sue facce, in modo dettagliato per una pittura più precisa.

199

fig. 220 il pulsante *Face Selection*

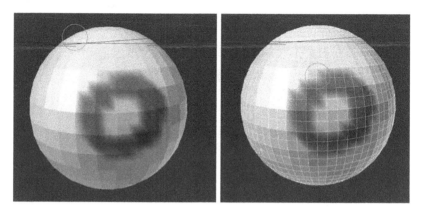

fig. 221 modalità *Vertex Paint* con *Face Selection* disattivato (a sinistra) e attivato (a destra)

3.3. Weight Paint

La modalità **Weight Paint** assegna ai vertici selezionati un "peso", ossia un parametro tra 0 e 1 definito rispettivamente dalla scala di colore tra il blu (nessun peso) e il rosso (peso massimo).

Questo "peso" è molto utile per influire su funzionalità ed effetti esterni (come il sistema particellare, l'armatura, i Force Field, etc.) legati alla mesh interessata, come la densità, la lunghezza, la rugosità, il colore stesso. Quanto più un vertice avrà un peso, maggiore sarà l'influenza sulla funzionalità ad esso legata.

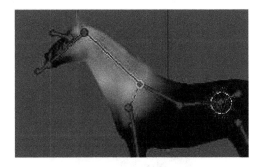

fig. 222 l'armatura associata alla mesh per il movimento deformerà i vertici secondo il peso ad essi assegnato e legato ad ogni singolo componente dell'osso

Poiché l'assegnazione del "peso" ai vertici crea automaticamente un Vertex Group, sarà questo che definirà la quantità di influenza (il "peso", appunto) che l'effetto associato alla mesh influirà su ogni singolo vertice.

Così come per l'altra modalità legata alla colorazione dei vertici (Vertex Paint), maggiore sarà la geometria della mesh, maggiore sarà di conseguenza il livello di dettaglio e la sfumatura.

Per entrare in modalità Weight Paint è sufficiente selezionare la modalità dal menu Mode nell'header della 3D view.

201

fig. 223 selezione della modalità *Weight Paint*

3.3.1. i pannelli in modalità *Weight Paint*

fig. 224 i pannelli del *tab Tools* della *Tools Shelf* legati alla modalità *Weight Paint*

Una volta entrati in modalità *Weight Paint*, la *mesh* si presenterà totalmente blu, ad indicare che ai vertici non è stato assegnato alcun peso.

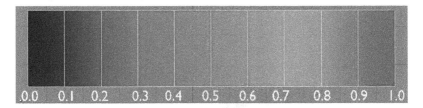

fig. 225 la scala dei colori dal blu al rosso determina gradualmente il peso del vertice

Nella *Tools Shelf* della 3D view, il *tab Tools* mostrerà le stesse funzioni di pittura già analizzate in *Vertex Paint* e in *Texture Paint*.

Il pannello **Brush**, permette di impostare il tipo di pennello e la modalità di pittura (*Add, Blur, Darken, Draw, Lighten, Mix, Multiply* e *Subtract*), il peso assegnato (Weight), il raggio di influenza del pennello sulla mesh (Radius), la forza impressa nella pittura (Strength) e le specifiche funzioni sull'armatura che vedremo più avanti nel prossimo volume (*Auto Normalize* e *Multi Paint*).

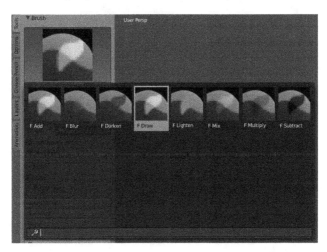

fig. 226 il pannello *Brush*

203

I pannelli **Stroke** e **Curve** hanno le stesse funzioni inerenti al comportamento della colorazione, già analizzate in modalità *Texture Paint* e, di conseguenza *Vertex Paint*, delle quali rimandiamo la descrizione dettagliata nel precedente capitolo relativo alla modalità *Texture Paint* nel volume 2 di quest'opera.

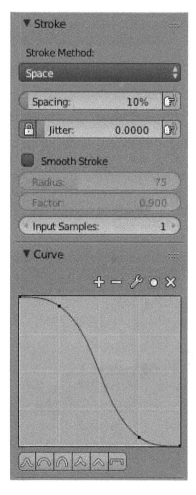

fig. 227 i pannelli *Stroke* e *Curve*

L'ultimo pannello presente, **Weight Tools**, invece, definisce alcuni strumenti molto utili per poter dipingere sulla *mesh* secondo specifiche direttive.

fig. 228 il pannello *Weight Tools*

Normalize All fa in modo che, per ogni vertice, somma i pesi di tutti i *Vertex Group* sia uguale a 1. Questo strumento normalizza tutti i gruppi di vertici, salvo gruppi bloccati, che mantengono inalterati i loro valori di peso.

Normalize funziona solo sul *Vertex Group* attivo. Tutti i vertici mantengono loro peso relativo, ma l'intero tutti i valori sono normalizzati in modo tale che il peso più alto sia 1.0.

Mirror specchia i pesi da un lato della *mesh* al lato opposto (è supportato soltanto il *mirroring* rispetto all'asse x).

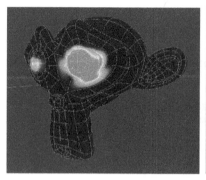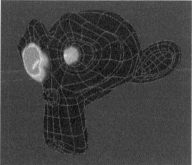

fig. 229 l'effetto dello strumento *Mirror*

Invert inverte la progressione del peso ai vertici selezionati. Ad esempio il colore blu (peso nullo) diventa rosso (peso massimo).

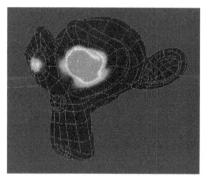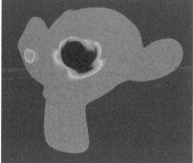

fig. 230 l'effetto dello strumento *Invert*

▼ Clean Vertex Group

Subset

Active Group

Limit

0.000

Keep Single

fig. 231 la regione *Clean Vertex Group*

Clean rimuove i pesi sotto di una determinata soglia, definita nella specifica regione in basso nella *Tools Shelf*. Le aree in cui il peso è stato rimosso vengono colorate in nero, ad indicare che i vertici presenti non fanno parte del *Vertex Group*.

Quantize assegna il peso dei gruppi secondo un numero di *step* specificato nella regione sottostante *Quantize Vertex Group*.

fig. 232 la regione *Quantize Vertex Group*

Levels aggiunge un *offset* e una scala a tutti i pesi dei gruppi selezionati. Con questo strumento è possibile aumentare o ridurre il "calore" complessivo del peso del gruppo.

Blend crea un graduale passaggio dei vari pesi dei vertici selezionati con i vertici non selezionati adiacenti. Questo strumento funziona solo in modalità di selezione dei vertici.

Limit Total riduce il numero di gruppi generati dal *Weight Paint* al limite indicato. Lo strumento rimuove pesi troppo bassi entro il raggiungimento del limite, definito nella regione sottostante.

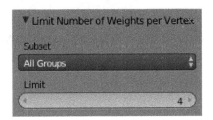

fig. 233 la regione *Limit Number of Weights per Vertex*

Fix Deforms modifica la selezione dei vertici selezionati cambiando solo loro rispettivi gruppi di peso.

Weight Gradient è utile per definire una progressione graduale (gradiente) dei pesi associati alla *mesh*. Tale gradiente si applica trascinando, come una selezione, da una zona della *mesh* a quella opposta. È molto utile nel caso si debba associare il *Weight Paint* alla densità di un sistema particellare, ad esempio, nella vista prospettica di un prato. In lontananza, la densità dei fili d'erba verrà ridotta, mentre in primo piano sarà più fitta, evitando calcoli eccessivi.

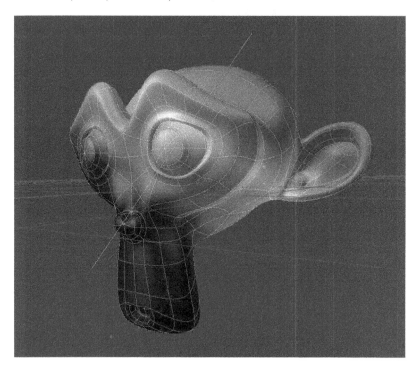

fig. 234 applicare il *Weight Gradient* alla *mesh*

Transfer Weights, infine, trasferisce i *Data Layer* (*Weight, Edge Sharp...*) dalla *mesh* attiva a quella selezionata, secondo i parametri definiti nella regione sottostante *Transfer Mesh Data*.

208

fig. 235 la regione *Transfer Mesh data*

3.3.2. la *header* della 3D view in modalità *Weight Paint*

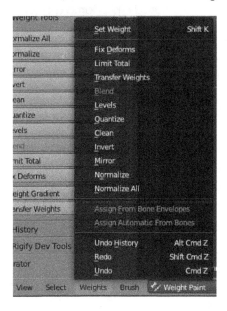

fig. 236 il menu *Weights* dell'*header* della 3D view in modalità *Weight Paint*

209

In questa modalità, l'*header* della 3D view non presenta particolari funzioni, se non quelle definite nel menu **Weights**.

In questo menu, sono disponibili tutti gli strumenti presenti nel pannello *Weight* Tools della *Tools Shelf*, finora descritti, oltre a *Set Weight* (*shortcut* SHIFT + K), che consente di colorare automaticamente tutti i vertici attivi con il peso corrente impostato; e alle funzioni *Undo* e *Redo*.

ESERCIZIO n. 24: CREARE UNA MASCHERA COLORATA SU UN MATERIALE ASSOCIATO A UNA MESH

Per illustrare rapidamente una delle funzionalità della modalità *Weight Paint*, inseriamo nella scena una *monkey* e entriamo in *Weight Paint*. Questa si presenterà totalmente blu, ad indicare un peso minimo associato ai singoli vertici.

Selezioniamo il *brush Add* e proviamo a colorare l'occhio.

A seconda dell'impostazione del *brush* (raggio e forza), la parte centrale del pennello forzerà il peso verso il rosso, sfumando (gradazione di colore dal verde al giallo) le aree periferiche.

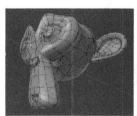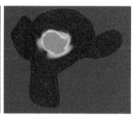

fig. 237 dare peso ai vertici della *mesh*

Nel *tab Data* della finestra *Properties* il pannello *Vertex Group* indicherà l'assegnazione di un gruppo di vertici con pesi differenti.

210

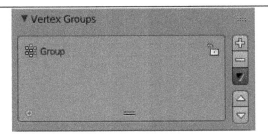

fig. 238 il pannello *Vertex Group* del *tab Data*

Anche se non abbiamo ancora affrontato questo argomento, che sarà oggetto del prossimo capitolo, assegniamo alla mesh un *Particle System* dall'omonimo *tab*, cliccando sul pulsante *New* e impostando come *Hair* la tipologia *(Type)*, a 50.000 le emissioni *(Emission)*, ossia il numero di filamenti, a 0.09 la lunghezza *(Hair Lenght)* e a 0.2 il parametro *Thickness Root* nel pannello in basso *Cycles Hair Settings*.

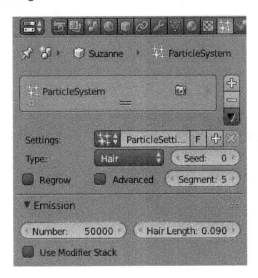

fig. 239 impostazioni del *Particle System*

Immediatamente la testa della scimmia apparirà ricoperta di una fitta pelliccia, in ogni sua parte.

211

Entriamo nuovamente in *Weight Paint* e utilizziamo lo strumento *Weight Gradient* per definire una proporzionale scalatura del peso dei vertici dall'alto (peso massimo) verso il basso (peso minimo).

Nel *tab Particle System* impostiamo il gruppo di vertici come *Density* nel pannello *Vertex Group*, definendo così che la densità dei peli sarà legata al peso dei vertici, ossia alta densità in alto 8zona rossa) e bassa densità in basso (zona blu).

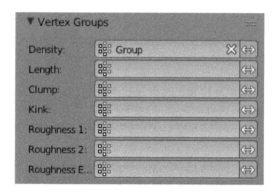

fig. 240 impostazione del *Vertex Group* come *Density* del *Particle System*

La situazione cambia radicalmente.

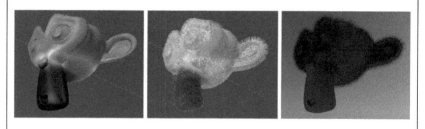

fig. 241 l'assegnazione del peso dei vertici con il gradiente impone al *Particle System* di agire secondo i valori assegnati

4

PARTICLE SYSTEM

4.1. Introduzione

Uno degli argomenti più affascinanti e divertenti del mondo 3D riguarda il *Particle System*.

Questo insieme di elementi, generalmente emessi o prodotti a migliaia da una *mesh*, si divide in due grandi categorie: le emissioni (particelle di tipo *Emitter*) e i filamenti (particelle di tipo *Hair*).

In entrambi i casi le particelle posso essere rappresentate da oggetti luminosi, oggetti procedurali, oggetti esterni; possono interagire con forze esterne e con la forza di gravità, avere collisioni e essere animate.

Sono assai utili e di uso frequente perché sono piuttosto semplici da produrre e decisamente realistiche sia nell'immagine sia nel comportamento dinamico.

Possono rappresentare pioggia, neve, elementi gassosi, nuvole, fumo, effetti speciali, ma anche oggetti tangibili disposti in ordine sparso (pietre, stelle, galassie, alberi), o oggetti a forma filamentosa come il prato, i capelli, i peli, la paglia.

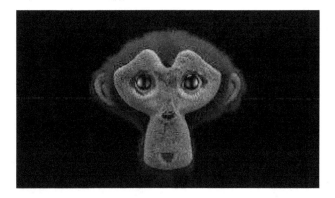

fig. 243 la peluria di *Suzanne* realizzata con due *Particle System*

215

Le particelle possono inoltre essere emesse o rispondere a caratteristiche fisiche secondo determinati percorsi o *Vertex Group*, come abbiamo visto nel capitolo precedente, o associate a fluidi e altri tipi di simulazioni.

Una volta applicato a una *mesh* un sistema particellare, questo verrà visualizzato anche come modificatore, in modo da poter essere fissato definitivamente (*Apply*), o spento alla vista nella 3D view o nel *rendering* finale.

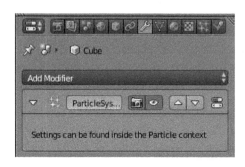

fig. 244 il modificatore *Particle System*

Esistono due principali categorie di sistemi particellari.

a) la prima, di tipo **Emitter**, fa sì che la *mesh* emetta particelle o altri oggetti dalla sua superficie a mezzo di una animazione e a partire dal fotogramma di partenza per una certa durata di tempo. Le particelle sono sensibili alla gravità e agli agenti esterni;

b) la seconda, di tipo **Hair**, genera filamenti o oggetti esterni dalla o sulla superficie dell'oggetto.

Tutte le particelle (*Hair* o *Emitter*) possono essere infine renderizzate come oggetti luminosi (*Halo*) o come oggetti fisici (*Strands*), in entrambi i casi prodotti o in modo procedurale o da oggetti tipo.

216

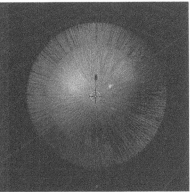

fig. 245 sistema particellare di tipo *Emitter* (a sinistra) e *Hair* (a destra)

Per assegnare a una *mesh* selezionata un *Particle System*, è sufficiente cliccare sul pulsante *New* nel *tab Particles* della finestra *Properties*.

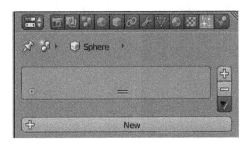

fig. 246 aggiunta di una sistema particellare

Immediatamente verrà creato un sistema di tipo *Emitter* il cui nome potrà essere modificato cliccando due volte nel campo di teso *Settings*, oppure richiamandone uno esistente dal menu a tendina collegato all'icona che raffigura le stelline a sinistra del campo di testo.

Le icone accanto al nome del sistema particellare nella lista, raffiguranti fotocamera e occhio consentono di accendere e spegnere il sistema particellare rispettivamente in ambiente di *rendering* e nella 3D view. Questa funzione è disponibile anche nel *tab Modifiers*

Il menu *Type* definisce il tipo di sistema (*Emitter* o *Hair*), mentre *Seed* genera configurazioni casuali delle particelle, secondo una numerazione. Questo è utile quando si desidera generare sistemi particellari sovrapposti, in cui le particelle non dovranno sovrapporsi.

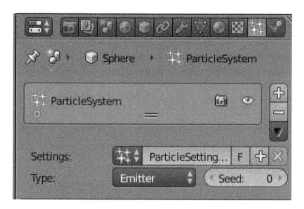

fig. 247 creazione di un nuovo sistema particellare

4.2. Emitter

Come già accennato, questo sistema particellare funziona proprio come suggerisce il suo nome: emette o produce particelle per un certo periodo di tempo. In un tale sistema, le particelle vengono emesse dall'oggetto selezionato di avvio della simulazione per una certa durata.

Di *default*, questo sistema come emette particelle di tipo *Halo*, cioè elementi procedurali, ma, modificando le impostazioni di *rendering*, come vedremo in seguito, può anche produrre oggetti.

Piuttosto che iniziare nel descrivere tutte le funzionalità del sistema particellare *Emitter*, cosa che vedremo più avanti, procederemo con due complesse ed esaustive esercitazioni.

 ESERCIZIO n. 25: UNA SCIA DI PARTICELLE LUMINOSE

In questo esercizio mostreremo come il sistema particellare di tipo *Emitter* possa produrre effetti speciali davvero interessanti.

Inseriamo nella scena una *Monkey* e assegniamole un materiale bianco riflettente con una combinazione di nodi *Diffuse* e *Glossy* mixati insieme e bilanciati da un nodo *Fresnel*.

Inseriamo ora una curva di tipo *Path* e, in *Edit Mode*, estrudiamo il vertice sull'estrema destra in modo da creare un percorso che giri attorno alla *Monkey*.

Regoliamo la posizione dei vertici della curva in alzato.

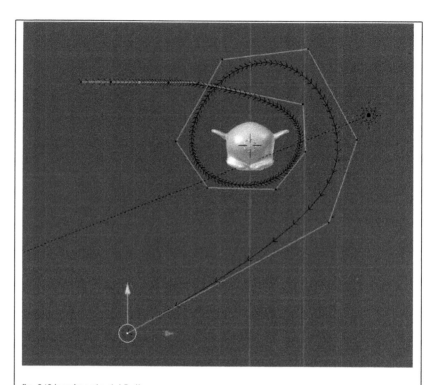

fig. 248 inserimento del *Path*

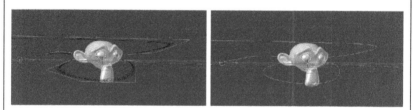

fig. 249 regolazione dei vertici della curva *Path* in alzato

Posizioniamo infine la camera per ottenere un'inquadratura ottimale della scena.

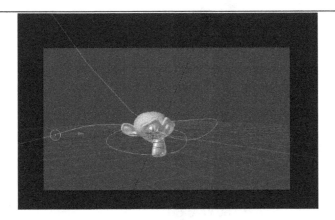

fig. 250 inquadratura della scena

Con la curva selezionata, in *Edit Mode*, selezioniamo il primo vertice e, con la combinazione di tasti SHIFT + S, posizioniamo il *3D Cursor* in corrispondenza di questo, scegliendo l'opzione *Cursor to Selected*. Torniamo in *Object Mode*.

Inseriamo ora una piccola icosfera e posizioniamola in corrispondenza del primo vertice della curva, quindi sul *3D Cursor*.

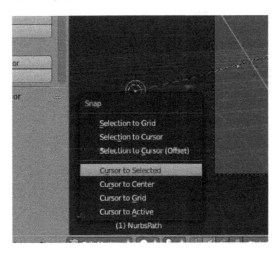

fig. 251 *3D Cursor* sul primo vertice della curva

221

Introduciamo una funzione legata all'animazione, che sarà oggetto di trattazione del quarto volume.

Faremo in modo che l'icosfera si muova seguendo la curva come percorso per tutta la durata dell'animazione.

Per farlo, selezioniamo prima l'icosfera, quindi, tenendo premuto SHIFT, anche la curva e digitiamo CTRL è P, scegliendo l'opzione *Follow Path*.

Con la curva selezionata come attiva, entriamo nel *tab Data* e impostiamo il numero dei *Frames* nel pannello *Path Animation* a 250, lo stesso valore cioè del numero di *frame* di *default* della *Timeline*.

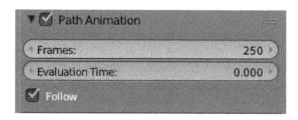

fig. 252 il pannello *Path Animation* del *tab Data* della curva

Questo gestirà la velocità di animazione che, in questo caso, imposteremo con un rapporto 1:1.

Lanciamo l'animazione con ALT + A. L'icosfera inizierà a correre lungo il percorso selezionato.

Selezioniamo ora l'icosfera e facciamo in modo che sia un emettitore di particelle.

Nel *tab Particles*, aggiungiamo un nuovo sistema particellare di tipo *Emitter*, cliccando sul pulsante *New*.

Nel pannello *Emission* impostiamo 50.000 particelle nel contatore *Number*, *Start* e *End* rispettivamente a 1 e 250, *Lifetime* a 100 e *Random* a 0.1.

fig. 253 l'icosfera si muove lungo la curva

Clicchiamo quindi sul pulsante *Volume*.

Nel pannello *Velocity*, nella sezione *Emitter Geometry*, impostiamo *Normal* a 0.1.

Infine, nel pannello *Field Weights* azzeriamo la gravità (*Gravity*).

Nell'immagine successiva, mostriamo l'intero *tab Particles* con tutti i pannelli visibili e i parametri impostati fino a questo momento.

Ci raccomandiamo di tener conto che, in base alle dimensioni effettive degli oggetti presenti nella scena da voi realizzata, questi parametri, così come i successivi, potrebbero non rispondere nello stesso modo rispetto a questo esercizio.

Regolate i parametri nel vostro file in modo che il lavoro risulti per voi soddisfacente.

Vi ricordiamo che sperimentare non è mai un male, anzi!

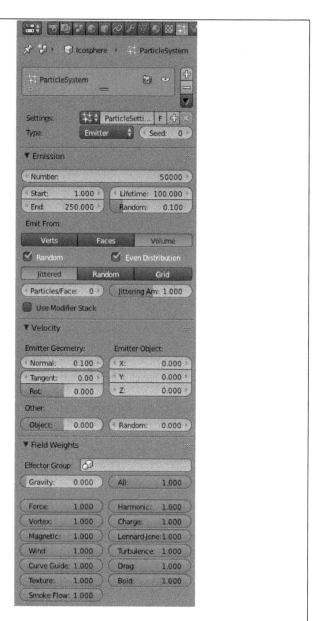

fig. 254 impostazioni di base del *Particle System* associato all'icosfera

Lanciamo nuovamente l'animazione con ALT + A e osserviamo l'emissione e il comportamento delle particelle.

Queste si estingueranno (*Lifetime*) dopo 100 fotogrammi dall'emissione, non avranno peso e verranno emesse dall'icosfera per tutta la durata dell'animazione (250 fotogrammi).

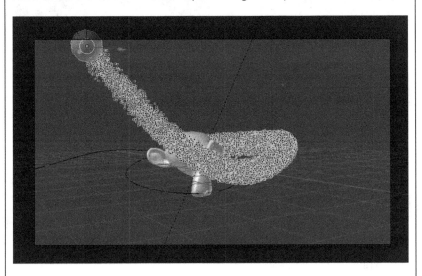

fig. 255 animazione ed emissione delle particelle

Regoliamo ora il comportamento delle particelle in modo che subiscano l'influenza esterna di una turbolenza.

Immediatamente al di sotto della *Monkey*, inseriamo un *Force Field Turbolence* e impostiamo la forza a 5.

Lanciamo nuovamente l'animazione con ALT + A.

Le particelle saranno emesse in modo confuso e sparso, sotto l'effetto massimo del *Force Field*.

Per rendere più organico il flusso, impostiamo i parametri *Size* e *Flow* rispettivamente a 0.5 e a 1.

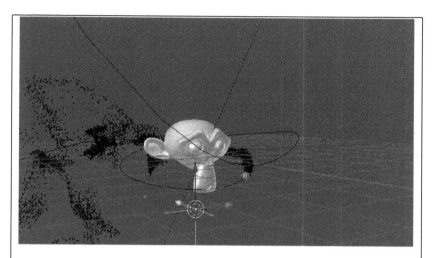

fig. 256 le particelle subiscono l'effetto della turbolenza

Poiché *Cycles* non è abilitato a renderizzare particelle di tipo *Halo*, dovremo fare in modo, per poter assegnare un materiale alle particelle, che vengano emessi degli oggetti.

Nel *layer* 2 creiamo una icosfera e assegniamole lo *Smooth*. Rinominiamola *"particella"*.

fig. 257 il pannello *Render* del *tab Particle*

Assegniamo un materiale *Emission* alla *"particella"* di colore azzurro e con una forza di emissione *Strength* a 1.5.

226

Torniamo nel *layer* 1, selezioniamo l'icosfera emettente e, nel *tab Particles*, nel pannello *Render*, attiviamo l'opzione *Object* in luogo di *Halo* e nella casella *Dupli Object* assegniamo "*particella*", regolando poi le dimensioni *Size* a 0.005 e il fattore *Random Size* a 0.5 per fare in modo che le particelle emesse abbiano dimensioni variabili.

Lanciando il *rendering* le particelle verranno ora renderizzate come punti luminosi.

fig. 258 *render* delle particelle luminose

Per fare in modo che la luminosità delle particelle sfumino col passare del tempo dovremo modificare la composizione dei nodi che definiscono il materiale della "*particella*".

Innanzi tutto misceliamo il nodo *Emission* con un nodo *Transparent*.

Il bilanciamento fra i due *shader* sarà definito dal rapporto fra l'età (quindi il momento di emissione, *Age*) e la durata della vita (*Lifetime*).

227

Aggiungiamo un nodo *Input Particle* e un nodo *Math* impostato come *Divide*.

Colleghiamo i *socket* in uscita del nodo *Info Particle, Age* e *Lifetime* ai due *socket* in ingresso del nodo *Math*.

Infine uniamo l'uscita del *Math* al *Fac* del *Mix Shader*.

Lanciamo il *rendering*. Le particelle sfumeranno col tempo (*fade out*).

Per ottenere un *fade in* basterà invertire la posizione degli *shader* ai *socket* del *Mix Shader*.

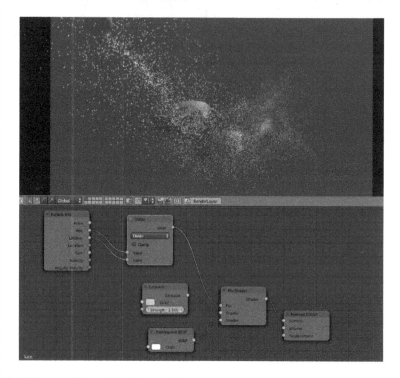

fig. 259 composizione dei nodi che definiscono il materiale delle particelle

Se volessimo che l'icosfera emettente non fosse visibile, in teoria dovremmo togliere la spunta *Camera* dal pannello *Ray Visibility* del materiale. Questo tuttavia impedirà all'intero sistema particellare legato all'icosfera di poter essere visualizzato e renderizzato.

Il *Node Editor* ci viene nuovamente incontro.

Selezionando l'icosfera emettitore, aggiungiamo un nuovo materiale, definito con un mix fra un nodo *Emission* e un nodo *Transparent*.

Il bilanciamento sarà, in questo caso, definito dal nodo *Light Path*, in particolare dal *socket* in uscita *Is Camera*.

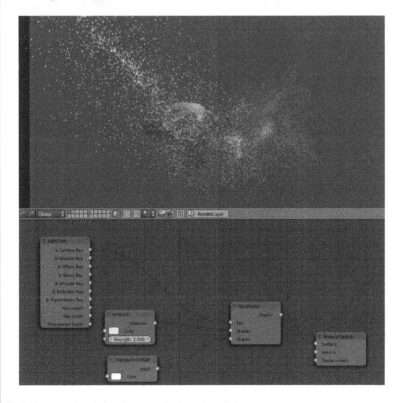

fig. 260 nascondere la icosfera emettente dal *rendering*

La scia particellare, tuttavia risulterebbe, in qualche modo, "orfana" di un oggetto guida emettente in quanto completamente invisibile.

Selezioniamo quindi la *"particella"*, duplichiamo il *Mix Shader* e posizioniamo la copia tra il nodo *Emission* e il *Mix Shader* originale.

Aggiungiamo al mix un nodo *Glossy*, eventualmente con un colore magenta, per rendere brillante il sistema particellare e, di conseguenza, anche l'emettitore.

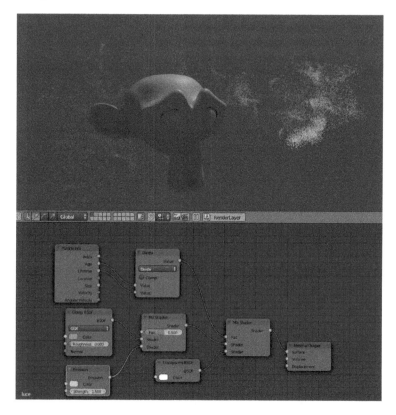

fig. 261 aggiunta di un *Glossy* al sistema particellare

230

Per impedire che le particelle attraversino la *mesh Monkey*, selezioniamo quest'ultima, ed assegniamole la fisica *Collision*, spuntando *Kill Particles*.

Aggiungiamo ora due fonti luminose opposte di tipo *Sun*.

La prima di colore celeste con forza 3 e la seconda rosata di forza 2.

fig. 262 fonti luminose

Infine nel *tab World*, nel pannello *Surface*, selezioniamo l'opzione *Background* di colore nero, in modo che lo sfondo non influisca in nessun modo nell'illuminazione della scena.

▼ Surface

Surface:	Background
Color:	
Strength:	1.000

fig. 263 *Background* nero

Lanciamo il *rendering*. Possiamo ovviamente salvare l'intera sequenza come animazione.

fig. 264 *render* finale

 ESERCIZIO n. 26: PIOGGIA BATTENTE

Questo secondo esercizio, più semplice, mostrerà come è semplice realizzare una fitta pioggia battente.

fig. 265 immagine di sfondo

Per prima cosa, onde evitare di modellare una città, recuperiamo un'immagine panoramica che raffiguri un centro abitato, con un cielo nuvoloso.

Nella scena, inseriamo l'immagine, già caricata in un piano, grazie allo strumento *Add Image As Plane*.

Ruotiamo il piano di 90° attorno all'asse x e, nel Node Editor *sostituiamo il nodo Diffuse con il nodo Emission* per ottenere un oggetto auto illuminato.

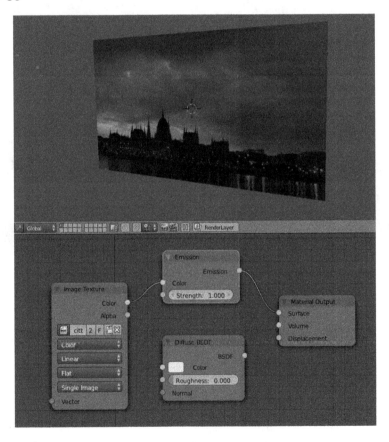

fig. 266 *Image As Plane*

233

Posizioniamo la camera in modo da ottenere un'inquadratura frontale.

fig. 267 inquadratura

Al di fuori dell'inquadratura, posto in alto rispetto allo sfondo, inseriamo un altro piano, che rinomineremo *"Rain Emitter"*.

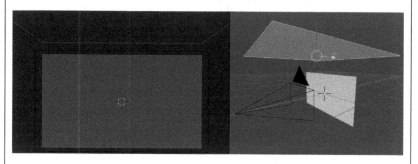

fig. 268 inserimento del piano *Rain Emitter*

Assegniamo a questo piano il sistema particellare *Emitter*.

Impostiamo 40.000 unità (*Number*) e, nel pannello *Physics* del *Particle System* impostiamo il valore 0.6 nel cursore *Random* per creare gocce di pioggia di differenti dimensioni.

Infine, per ottenere un primo effetto di una fitta pioggia battente, impostiamo *Line* nel pannello *render*.

Lanciamo l'animazione con ALT + A.

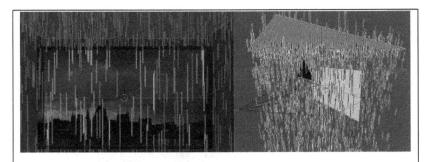

fig. 269 l'effetto della pioggia utilizzando *Line*

Poiché le particelle *Halo* non possono essere renderizzate in *Cycles*, in un secondo *layer* inseriamo un cilindro lungo e stretto con poca definizione geometrica, ad esempio a 8 segmenti.

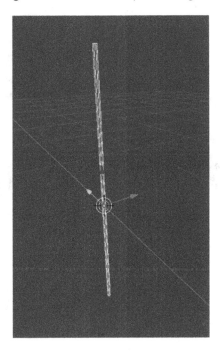

fig. 270 il cilindro che rappresenta la goccia di pioggia

A questo, assegniamo un nuovo materiale con un nodo *Glass* il cui parametro *Roughness* sia impostato a 0.2.

Mixiamo il nodo *Glass* con un *Emission* in modo da retro illuminare leggermente le gocce di pioggia e rendere meglio visibili.

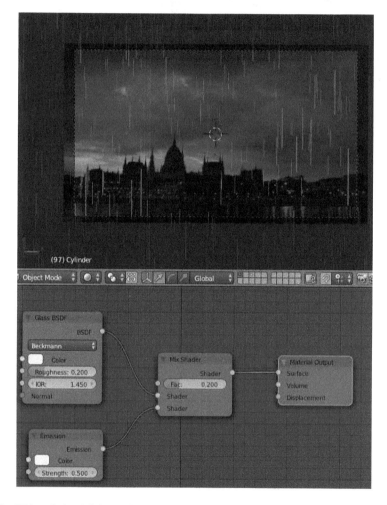

fig. 271 i nodi che definiscono il materiale delle gocce di pioggia

Nel pannello *Render* del *tab Particles*, sostituiamo *Line* con *Objects*, specificando il cilindro come oggetto di riferimento.

fig. 272 il pannello *Render*

Selezioniamo ora il piano *"Rain Emitter"* e, in modalità *Edit Mode* suddividiamolo 40 volte digitando W e scegliendo l'opzione *Subdivide*.

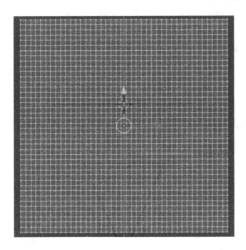

fig. 273 suddivisione della geometria del piano emettente

Con il piano emettente selezionato entriamo in modalità *Weight Paint* e scegliamo l'opzione *Weight Gradient* dal pannello *Weight Tools* della *Tools Shelf*.

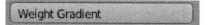

fig. 274 il pulsante *Weight Gradient*

Selezionato il *brush Add*, in vista Top (NUM 7), trasciniamo il cursore dall'alto verso il basso.

Verrà creato un *Vertex Group* scalare.

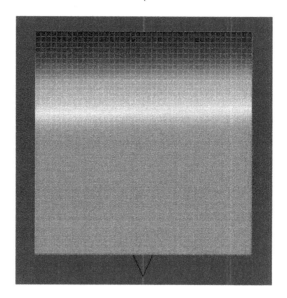

fig. 275 *Weight Paint Gradient Tool*

Nel pannello *Vertex group* del *tab Particles*, impostiamo il gruppo di vertici appena creato come fattore di definizione della densità (*density*) e della lunghezza (*Lenght*), impostiamo da forzare la prospettiva della pioggia e renderla più densa in prossimità della camera e meno densa in lontananza.

238

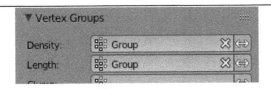

Torniamo in *Weight Paint Mode* e, selezionando il *brush Subtract*, andiamo ad eliminare i vertici interessati al di fuori dell'inquadratura, sempre in vista *Top* (NUM 7).

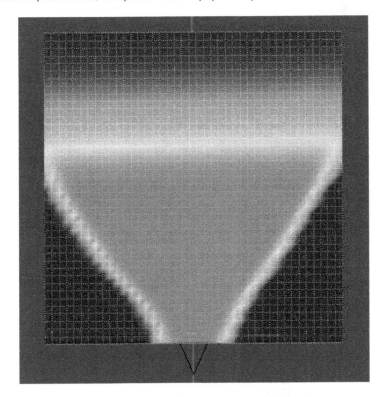

Il risultato della distribuzione delle particelle appare evidente nell'immagine seguente.

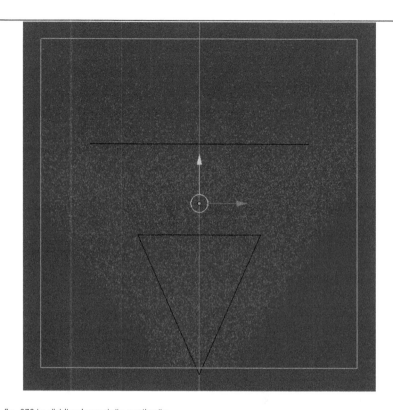

fig. 278 la distribuzione delle particelle

In vista *Camera* (NUM 0), selezioniamo la camera e, nel pannello *Depth of Field* del *tab Data*, imponiamo come punto di messa a fuoco l'intero sfondo con l'immagine della città (*Focus*) e impostiamo come apertura (*Aperture*) il valore 0.01 (1 centimetro) del contatore *Size*.

In questo modo la messa a fuoco sarà concentrata sulla città, mentre la pioggia in primo piano apparirà sfocata.

Non dimentichiamoci di spuntare, nella *Properties Bar* della 3D view, l'opzione *Motion Blur* per sfumare lievemente la scia delle particelle in movimento.

fig. 279 il pannello *Depth of Field* del *tab Data* relativo alla camera

Lanciamo il *rendering*.

fig. 280 *render* finale della scena

Nel paragrafo successivo studieremo il comportamento del secondo tipo di sistema particellare, detto *Hair*.

4.3. Hair

La differenza sostanziale tra il sistema particellare *Emitter* e il sistema particellare *Hair* sta nel fatto che le particelle prodotte da quest'ultimo sono strettamente connesse alla superficie della *mesh* che produce particelle di tipo filamentoso.

Con il sistema particellare *Hair* è possibile riprodurre facilmente capelli, peli, pellicce, prato, tetti in paglia, festoni natalizi, ma anche fiori e frutti su un albero, pietre sparse, foreste fitte di alberi, gocce d'acqua.

Anche in questo caso, è possibile assegnare un oggetto esterno che venga moltiplicato e riprodotto, anche se, contrariamente al sistema *Emitter*, i filamenti possono essere renderizzati.

fig. 281 le gocce d'acqua sulla ragnatela sono state realizzate con il sistema particellare *Hair*, utilizzando delle piccole sfere come oggetti

Eseguiamo un rapido esercizio per comprendere il funzionamento.

 ESERCIZIO n. 27: UN FESTONE NATALIZIO

Inseriamo nella sfera una nuova *Mesh* e scegliamo *Torus*, modificando il raggio interno per creare un anello dalla sezione molto sottile.

Assegniamo e applichiamo definitivamente alla *mesh* un modificatore *Subdivision Surface*, in modo da aggiungere geometria.

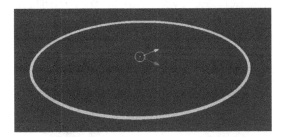

fig. 282 la *mesh Torus* con il *Subdivision Surface* applicato

Assegniamo quindi un sistema particellare *Hair* alla *mesh*, impostandolo come *Hair*.

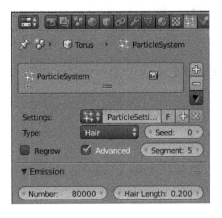

fig. 283 impostazione del numero e della lunghezza dei filamenti

Impostiamo 80.000 particelle (*Number*) e la lunghezza dei filamenti a 0.20 (*Hair Lenght*).

Attiviamo quindi la spunta *Advanced* che attiverà alcune funzionalità aggiuntive.

Nel pannello *Physics*, alziamo il valore *Random Size* per generare filamenti di lunghezze differenti e, nella sezione *Forces*, alziamo a 0.03 il parametro *Brownian* per arricciare lievemente i filamenti e renderli più disordinati.

Infine, nel pannello *Cycles Hair Settings* modifichiamo i valori *Root* e *Tip*, rispettivamente a 0.10 e 0.06 per definire lo spessore del filamento alla radice e in funta.

fig. 284 altri parametri

Assegniamo al toro un colore simile all'oro (*Glossy* giallo ocra). Illuminiamo poi la scena e posizioniamo la camera. Quindi lanciamo il *rendering*.

244

fig. 285 *render* del festone natalizio

Anche le particelle di tipo *Hair* rispondono adeguatamente sia alle forze esterne, sia alla gravità.

Dalla versione 2.74 è stato inoltre notevolmente migliorato l'aspetto dinamico delle particelle *Hair*, che, sotto l'effetto della gravità e delle forze esterne, possono adagiarsi sulla superficie che le genera, simulando l'effetto di una collisione.

fig. 286 i filamenti, sotto l'effetto della gravità si adagiano sul piano che li genera non oltrepassandolo

245

Non si tratta, in realtà di una collisione vera e propria con altri oggetti, ma una repulsione, definita dai parametri *Hair Dynamics*, che vedremo più avanti.

Vediamo come posizionare nella scena un gruppo di oggetti, utilizzando il sistema particellare *Hair*.

 ESERCIZIO n. 28: UN GRUPPO DI ALBERELLI

In questa scena, molto semplice e non eccessivamente dettagliata, mostreremo come è possibile utilizzare il sistema particellare per spargere un numero elevato di oggetti, nella fattispecie degli alberelli, che andremo a realizzare estrudendo un vertice e creando così tronco e rami.

Una volta terminata la modellazione a fil di ferro, assegniamo il modificatore *Skin* e, in *Edit Mode*, regoliamo lo spessore del tronco selezionando tutti i vertici e digitando CTRL + A.

Applichiamo poi il modificatore *Subdivision Surface* a due divisioni.

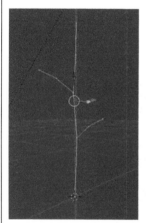  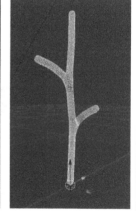

fig. 287 creazione dell'alberello tipo: a) estrusione dei vertici; b) modificatore *Skin*; c) modificatore *Subdivision Surface*

Applichiamo infine i due modificatori e aggiungiamo lo *Smooth*.

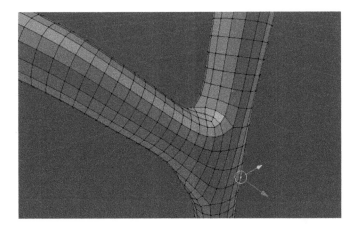

fig. 288 la *mesh* dell'alberello

Spostiamo nel *layer* 2 la *mesh* appena realizzata.

Inseriamo ora un piano e scaliamolo in modo da creare una distesa a perdita d'occhio.

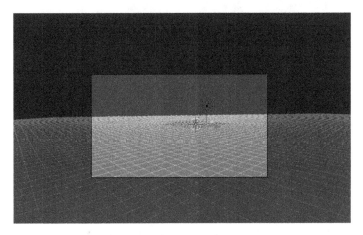

fig. 289 suddivisione del piano

In *Edit Mode* suddividiamo il piano con W e l'opzione *Subdivide*, almeno di 40 volte.

Potete divertirvi a giocare con l'*editing* proporzionale *Random* per creare dei rilievi casuali del terreno.

Posizioniamo la camera secondo la vista che più ci aggradi.

Col piano selezionato, entriamo in modalità *Weight Paint*, in vista *Top* (NUM 7), scegliamo l'opzione *Weight Gradient* creando così una colorazione graduale dal blu al rosso nella direzione z relativa alla camera, con la colorazione rossa più vicina alla camera stessa.

Questo servirà per definire la densità delle particelle che il piano genererà, più fitte in prossimità della camera e più rade in lontananza.

fig. 290 *Weight Gradient* sul piano

Posizioniamoci con 0 TAB in vista camera e scegliendo il *brush Subtract* eliminiamo i vertici selezionati del gruppo *Weight* nelle aree esterne alla vista.

248

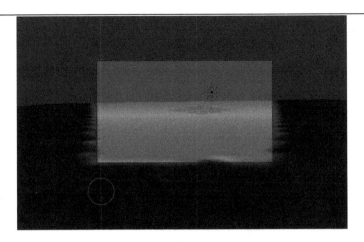

fig. 291 colorazione in blu delle aree esterne alla vista camera

Completiamo l'operazione anche in vista *Top* (NUM 7).

fig. 292 *Weight Paint* in vista *Top*

Torniamo in *Object* Mode e applichiamo al piano il sistema particellare *Hair*, generando solo 100 particelle.

A prima vista, potrebbero sembrare poche e in effetti lo sono.

Ma questa simulazione permette di generare le particelle definite in *Number* e ulteriori particelle ad esse legate in gruppi, dette *figli*, o *Children*.

Questi figli possono essere definiti nell'omonimo pannello, cliccando su *Interpolated* e regolandone il numero su *Display* per visualizzare i figli nella 3D view, e su *Render* per definire i figli effettivamente renderizzati.

Selezioniamo 5 in *Display* e 10 in *Render*.

Questo significa che per ogni particella genitore, verranno generate 10 particelle nel suo intorno, ad essa legate.

Questo metodo è utile per visualizzare e gestire un numero ridotto di particelle genitori, il cui comportamento sarà copiato o influenzato anche sui figli.

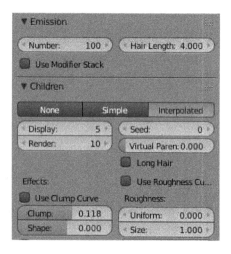

fig. 293 i pannelli *Emission* e *Children*

Regoliamo lievemente anche il parametro *Clump* per definire
che i figli subiranno delle inclinazioni casuali, rendendo la scena più
credibile.

Selezioniamo ora l'alberello tipo nel *layer* 2 e ruotiamolo in x di
90°, stendendolo a terra. Applichiamo la rotazione.

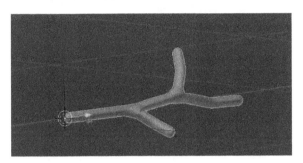

fig. 294 rotazione dell'alberello tipo

Nel pannello *Render* del *tab Particles*, selezioniamo *Object* e
indichiamo la *mesh* albero come oggetto *target*.

Regoliamo il parametro *Random Size* per generare alberi di
dimensioni differenti.

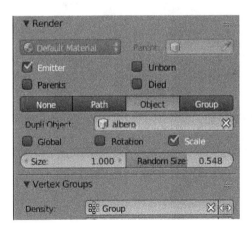

fig. 295 i pannelli *Render* e *Vertex Group* del *tab Particles*

251

Infine, nel pannello *Vertex Group* assegniamo il gruppo *Weight* nella casella *Density* per regolare la densità degli alberi secondo i colori impostati nel *Weight Paint*.

fig. 296 la distribuzione graduale degli alberi nella scena

Illuminiamo la scena, assegniamo i materiali e lanciamo il *rendering*.

fig. 297 gli alberi posizionati col sistema particellare *Hair*

Naturalmente, ad una *mesh* è possibile assegnare più sistemi particellari sovrapposti, ricordandosi di modificare per ogni sistema particellare il parametro *Seed*, per impedire alle particelle di un sistema particellare di posizionarsi nello stesso punto delle altre, creando fastidiose interferenze.

 ESERCIZIO n. 29: BARBA, CAPELLI E BAFFI

In questo esercizio creeremo una chioma alla nostra affezionata *Suzanne*.

Inseriamo la *Monkey* nella scena, applichiamo il modificatore *Subdivision Surface* per aumentare la geometria e, in *Edit Mode*, selezioniamo i vertici che compongono l'area in cui dovranno essere presenti lo scalpo, la barba e i baffi.

Assegniamo i vertici selezionati ad un nuovo *Vertex Group* nel *tab Data*.

Aggiungiamo quindi il sistema particellare *Hair*, impostando 100 emissioni e *500 Children*. Impostiamo la lunghezza 0.2 e il *Vertex Group* come *Density*.

Alla *Monkey* spunteranno dei peli normali alle facce della *mesh*.

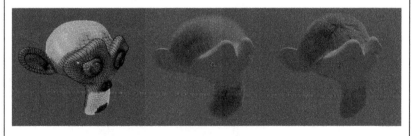

fig. 298 a) selezione del *Vertex Group*; b) assegnazione del Particle *Hair*; c) la dinamica applicata ai filamenti consente loro di adagiarsi sulla superficie della *mesh*

253

Un primo modo per pettinarli consiste nell'attivare la spunta su *Hair Dynamic*. Lanciando l'animazione i capelli si adageranno sulla superficie secondo le normali su cui insistono.

Un secondo metodo molto interessante, consente di operare sulle particelle, e nello specifico solo sui genitori, dato che i figli ne copieranno il comportamento), entrando in una modalità specifica, detta *Particle Edit*, che analizzeremo a fondo più avanti.

Per entrare in questa modalità basta selezionarla dal menu *Mode* nell'*header* della 3D view.

fig. 299 modalità *Particle Edit*

In questa modalità, come vedremo, sarà possibile pettinare, tagliare, cotonare o allungare i capelli direttamente col mouse.

Selezioniamo *Comb* e, ponendoci di volta in volta nelle viste ortogonali, pettiniamo i filamenti.

Si noti che verranno visualizzati solo i genitori.

Occorre agire con attenzione per evitare che il capello inverta la direzione all'interno della *mesh*.

Sarà conveniente, al termine dell'operazione, scegliere l'opzione *Puff* per coronare i capelli e gonfiarli leggermente.

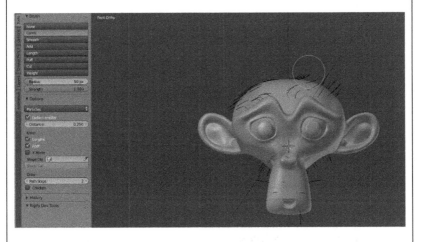

fig. 300 pettinare i capelli in modalità *Particle Edit*

Il risultato ottenuto è davvero interessante. È possibile combinare l'acconciatura alla dinamica degli *Hair*. I capelli saranno influenzati dalla pendenza forzata.

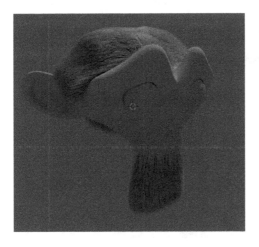

fig. 301 risultato dell'acconciatura

Creiamo ora un nuovo *Vertex Group* attorno alle sopracciglia e salviamolo.

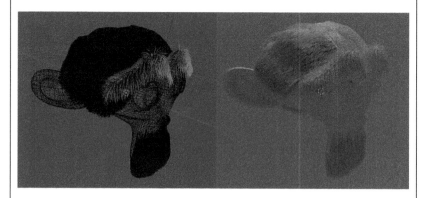

fig. 302 le sopracciglia sono generate da un ulteriore sistema particellare

Aggiungiamo alla *mesh* un nuovo sistema particellare *Hair* di 3000 unità e lunghezza 0.1.

Spuntiamo *Hair Dynamic* (mentre togliamo la spunta corrispondente al sistema particellare relativo a capelli e barba), lanciando l'animazione. Le sopracciglia si afflosceranno.

Possiamo infine divertirci a dare colore alla *mesh*.

Le particelle filamentose prenderanno la stessa colorazione della base.

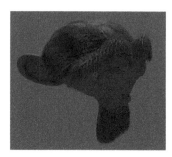

fig. 303 assegnare i materiali alle particelle

Così come tutte le simulazioni fisiche, anche il sistema particellare, una volta creato, compare anche sotto forma di modificatore, che può essere nascosto o visualizzato sia nella 3D view sia nel *render* finale o applicato alla *mesh* definitivamente cliccando su *Apply* e fissandone per sempre la posizione.

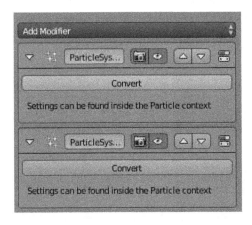

fig. 304 due modificatori *Particle System* associati ad una *mesh*

4.4. il tab Particles

Il *tab Particles* contiene tutte le funzionalità relative al sistema particellare. I pannelli di cui è composto variano a seconda della tipologia di sistema particellare impostato (*Hair* o *Emitter*), che analizzeremo dettagliatamente, caso per caso.

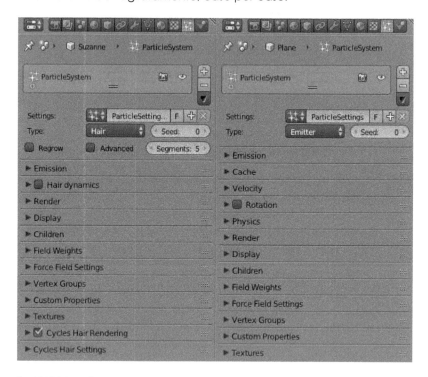

fig. 305 il *tab Particles* relativo al sistema particellare *hair* (a sinistra) e *Emitter* (a destra)

Le funzionalità presenti nei pannelli presentano parecchie differenze, ma anche diverse analogie fra i due sistemai particellari. Analizzeremo i due sistemi separatamente, evitando di ripetere le medesime funzionalità, durante lo svolgimento dei concetti.

4.4.1. Sistema particellare *Hair*

Andiamo ad analizzare i 12 pannelli di cui dispone questa tipologia.

Il pannello **Settings** permette di definire il tipo di sistema particellare che, se impostato il menu *Type* come *Hair*, oltre al contatore *Seed* che, come già visto, definisce una configurazione casuale numerata nel posizionamento delle particelle sulla superficie della *mesh*, attiva due spunte e un contatore.

La spunta *Regrow* garantisce la "*crescita*" dei capelli (o meglio, filamenti) per ogni fotogramma di una animazione.

La spunta *Advanced* attiva funzionalità e settaggi avanzati in tre ulteriori pannelli, *Velocity*, *Rotation* e *Physics*, che vedremo di seguito.

Segments, impostato di *default* a 5, definisce il numero di segmenti di cui il filamento viene suddiviso.

L'icona a menu *Settings*, consente di caricare sistemi particellari già esistenti o creati o di assegnare un nome a quello in corso, mentre l'area superiore del pannello, permette di visualizzare, aggiungere (pulsante +) o rimuovere (pulsante -) i sistemi particellari assegnati alla *mesh* selezionata.

Il pannello **Emission** definisce il numero e la natura delle particelle emesse.

Nello specifico, *Number* definisce il numero esatto delle particelle emesse ripartite sulle superfici selezionate o su tutta la *mesh*. Di *default* è impostato a 1000 particelle.

259

Hair Length determina la lunghezza (espressa nell'unità di misura) dei filamenti emessi.

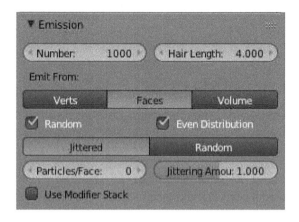

fig. 306 il pannello *Emission*

Lo *switch* a tre pulsanti *Emit From* determina da dove verranno emessi i filamenti, ossia, dai vertici (*Verts*), dalle facce (*Faces*) o dal volume stesso, in caso di effetti volumetrici (*Volume*).

Attivando Verts si attiveranno due spunte:

- *Random*, che impone che i filamenti vengano emessi in modo casuale;

- *Use Modifier Stack*, che genererà i filamenti tenendo conto dei modificatori applicati. Ad esempio in presenza del modificatore *Subdivision Surface* verranno emesse tante particelle in funzione dei vertici (o le facce) della *mesh* modificata.

Attivando *Faces* o *Volume* si attiveranno anche altre funzioni:

- La spunta *Even Distribution* genererà i filamenti secondo la distribuzione delle facce o la lunghezza degli spigoli;

260

Lo *switch* sottostante definisce come verranno distribuite le particelle, ossia se in modo disordinato, nervoso (*Jittered*) o casuale (*Random*);

Il cursore *Particle/Faces* definisce un parametro che relaziona la densità di particelle su ogni faccia della *mesh*. 0 è un valore di *default*;

Jittering Amount è un cursore i cui valori (definiti tra 0 e 2) determinano il rumore nella disposizione delle emissioni.

Jitter, nel mondo digitale, significa "*variazione* delle caratteristiche".

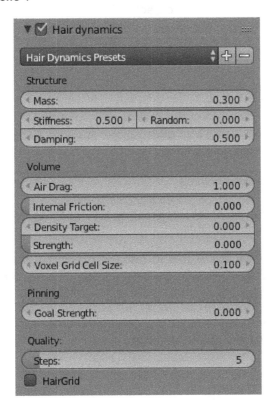

fig. 307 il pannello *Hair Dynamics*

Con le nuove funzionalità (a partire dalla versione 2.74 di Blender), le particelle *Hair* possono essere influenzate dalla fisica in modo analogo al sistema *Cloth*.

Nel pannello **Hair Dynamics**, queste funzionalità possono essere regolate da specifici parametri.

Attivato il pannello, è possibile aggiungere rimuovere o richiamare dei *Preset*.

Nella prima parte del pannello si definisce il comportamento strutturale dei filamenti (*Structure*):

- *Mass* definisce la massa degli *Hair/Cloth*;

- *Stiffness* controlla la rigidezza della radice, quindi della base, delle ciocche *Hair*;

- *Random* determina quanto casuale debba risultare la rigidezza di ogni filamento;

- *Damping* controlla l'attenuazione durante il piegamento in movimento dei filamenti.

Nella sezione *Volume*:

- *Air Drag* regola quanto la massa d'aria rallenti la caduta verso il basso dei filamenti;

- *Internal Friction* regola la resistenza all'attrito proprio di ogni filamento. A valori superiori la caduta verso il basso sarà rallentata;

- *Density Target* determina la densità massima dei filamenti, cioè come si addenseranno fra loro;

- *Strength* definisce quanto il parametro precedente influenzerà la simulazione;

- *Voxel Grid Cell Size* definisce le dimensioni di ogni cella della griglia dei *voxel*.

Un Voxel, nell'ambiente di modellazione 3D, sta a definire la ripetizione di elementi che costituiscono uno spazio tridimensionale.

Nella sezione *Pinning* è definito il solo parametro *Goal Strength*, che fissa la forza della simulazione.

Nella sezione *Quality* è disponibile il parametro *Steps*, che definisce il numero di passi per ogni fotogramma della simulazione. A valori più elevati, si ottiene una simulazione più precisa, ma con un dispendio maggiore di risorse. La spunta su *Hair Grid* mostra una griglia relativa al dominio della simulazione *Hair*.

Il pannello **Cache** dispone degli stessi parametri già descritti per le simulazioni *Cloth*, in cui è possibile eseguire il *bake* della simulazione.

fig. 308 il pannello *Cache*

263

Il pannello **Velocity** si attiva esclusivamente attivando la spunta *Advanced* nel pannello *Settings*.

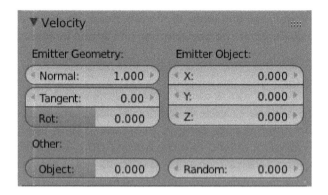

fig. 309 il pannello *Velocity*

Questo pannello regola ulteriori comportamenti avanzati dei filamenti ed è diviso in tre sezioni.

Nella sezione *Emitter Geometry*:

- *Normal* definisce quanto la normale alla superficie consenta alla particella una velocità iniziale;

- *Tangent* definisce quanto la tangente alla superficie consenta alla particella una velocità iniziale;

- *Rot* definisce l'angolo di rotazione della tangente alla superficie.

Nella sezione *Emitter Object*, sono definite le quantità nelle direzioni x, y e z per cui il filamento verrà deviato e direzionato. Si pensi ad esempio di utilizzare questo parametro per pettinare automaticamente all'indietro i capelli.

Ad esempio, impostando y = 0.1, i capelli della *Monkey* (assegnati su uno specifico *Vertex Group*) verranno deviati verso la direzione y (indietro, nel nostro caso).

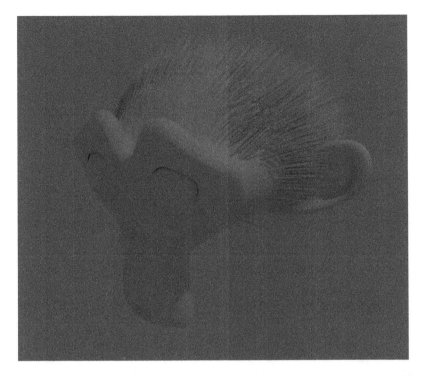

fig. 310 l'effetto sui capelli della *Monkey* del valore impostato y = 0.1 nella sezione *Emitter Object*

Nell'ultima sezione *Other*:

- *Object* fa in modo che sia la forma dell'oggetto stesso a determinare la velocità iniziale della particella;

- *Random* fa in modo che la velocità iniziale della particella sia generata in modo casuale a seconda del parametro impostato. Questo è molto utile per creare capigliature disordinate, come rappresentato nell'immagine sottostante, in cui il parametro è stato impostato a 0.2.

fig. 311 capigliatura disordinata e spettinata generata dal parametro *Random*

Rotation è il secondo pannello che si attiva spuntando *Advanced* e definisce un ulteriore comportamento globale dei filamenti, relativamente alla rotazione.

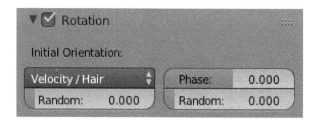

fig. 312 il pannello *Rotation*

Così come il pannello precedente definiva la velocità iniziale, quindi, in qualche modo, la direzione del filamento rispetto alla superficie, questo pannello ne determina l'orientamento iniziale (*Initial Orientation*).

Il menu *Velocity/Hair* permette di impostare l'asse di riferimento della rotazione.

Random definisce un parametro in funzione della casualità dell'orientamento delle particelle emesse.

Phase definisce la quantità di rotazione attorno all'asse di orientamento scelto.

Random assegna un valore casuale al parametro precedente.

Il terzo ed ultimo pannello attivato spuntando *Advanced* è **Physics**, che definisce il comportamento dei filamenti in funzione della loro forma fisica (dimensionamento, torsione, etc.).

Lo *switch* a 5 pulsanti definisce il comportamento globale dei filamenti.

- *No* spegne i filamenti dalla *mesh*;

- *Newtonian* genera particelle con un comportamento che rispetta le leggi fisiche generali;

- *Keyed* genera particelle animate o statiche che si riferiscono ad altri sistemi di particelle;

- *Boids* genera sistemi complessi di particelle, pensati per oggetti che rispondono a intelligenza artificiale limitata, compreso il comportamento e le regole di programmazione, ideali per gestire stormi di uccelli o di pesci, predatori che inseguono prede, eserciti e masse in movimento;

- *Fluid* genera particelle che rispondono alla legge sui fluidi (idrodinamica).

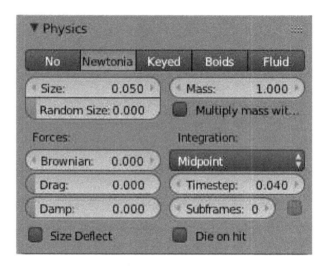

fig. 313 il pannello *Physics* impostato su *Newtonian*

In questa modalità si attivano i seguenti parametri:

- *Size* definisce la scala delle particelle emesse, in funzione delle dimensioni originali (in caso di oggetti esterni) o della lunghezza (*Length*);

- *Random Size* aggiunge un fattore di casualità nelle dimensioni dei filamenti o delle particelle emessi;

- *Mass* definisce la massa di ogni particella;

- *Multiply Mass with Size* consente di moltiplicare la massa per la dimensione.

Nella sezione *Forces*:

- *Brownian* sfrutta i segmenti dei filamenti o le suddivisioni delle *mesh* per creare delle distorsioni. Molto utile per emettere particelle capelli spettinati o crespi;

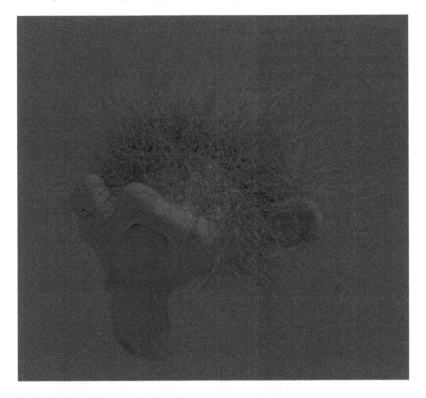

fig. 314 l'effetto del parametro *brownian*

- *Drag* regola il valore della resistenza dell'aria;

- *Damp* regola il valore dello smorzamento;

- la spunta *Size Deflect* usa le dimensioni delle particelle per la deviazione.

Nella sezione *Integration*:

- il menu *Integration* permette di scegliere l'algoritmo che Blender deve utilizzare per il calcolo della fisica;

- *Timestep* indica il numero di passi (*timestep*) per fotogramma in caso di simulazioni animate, espressi in secondi per fotogramma;

- *Subframes* definisce le porzioni di fotogramma per una migliore stabilità e per simulazioni con una fluidità più definita;

- La spunta *Die on Hit* elimina le particelle se in collisione.

KEYD

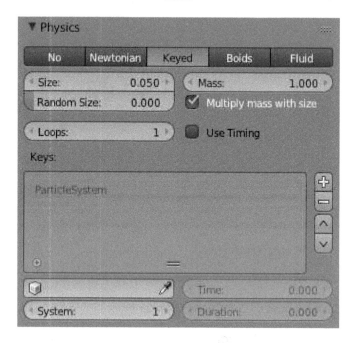

fig. 315 il pannello *Physics* impostato su *Keyd*

270

I primi quattro parametri (*Size, Random Size, Mass* e *Multiply Mass with Size*) hanno le stesse funzionalità già vista per la modalità precedente.

Loop definisce il numero delle volte che la chiave in sequenza verrà ripetuta.

La spunta su *Use Timing* attiva i contatori sottostanti *Time* e *Duration* che definiscono la durata del *loop*.

La regione *keys* mostra la lista dei sistemi particellari esterni associati a quello attivo. Con i pulsanti + e – è possibile aggiungere o eliminare un sistema particellare dalla lista.

Il menu *Particle Target* consente di scegliere l'oggetto che ha come *target* il sistema particellare in esame. La pipetta sulla destra consente di selezionare l'oggetto dalla 3D view.

System consente di assegnare un indice al sistema particellare legato all'oggetto *target*.

BOIDS

Questo complesso sistema comportamentale, come già detto, assegna una sorta di intelligenza artificiale alle particelle, che si regoleranno secondo una determinata coscienza.

Esse seguiranno percorsi assegnati in modo più o meno casuale, o reagiranno a collisioni p ad agenti esterni secondo una specifica metodologia.

Questo cervello artificiale non viene usato tanto per le particelle di tipo *Hair*, quanto più per sistemi di tipo *Emitter*, sui quali, nel paragrafo 4.4.2., eseguiremo un'esercitazione che simulerà uno sciame, un'orda di oggetti che avanzerà in modo intelligente.

I parametri relativi al pannello *Physics*, impostato come *Boids* (letteralmente "*uccelloide*"), verranno trattati quindi più avanti e per ora non saranno considerati.

Anche il pannello **Boid Brain**, attivato da questa tipologia, verrà descritto in seguito.

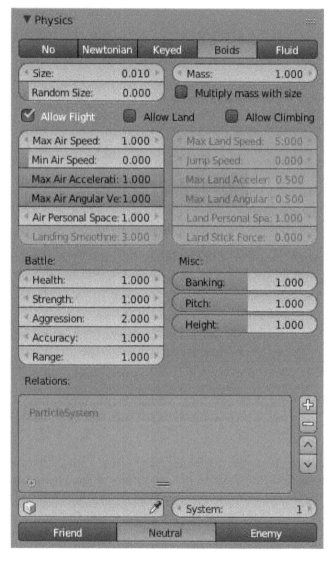

fig. 316 il pannello *Physics* impostato su *Boids*

272

FLUID

L'ultima tipologia comportamentale selezionabile nel pannello *Physics* è *Fluid*.

Questo sistema impone alle particelle un andamento simile a quello prodotto da un fluido, già analizzato nelle simulazioni fisiche omonime.

Fluid disattiva i pannelli *Velocity* e *Rotation* e dispone dei seguenti parametri:

Nelle sezioni *Physics* e *Forces* sono presenti gli stessi parametri con le stesse funzionalità già analizzate per le modalità precedenti.

Lo *switch Double Density/Classical* permette di scegliere il metodo di calcolo per la simulazione con le forze esterne.

Nella sezione *Fluid Properties* sono disponibili gli stessi parametri già presenti nella simulazione fisica *Fluid*, ossia:

- *Stiffness* (quanto sia incompressibile il fluido);

- *Viscosity* (la viscosità del fluido);

- *Buoyancy* (l'attitudine a far galleggiare gli oggetti nel verso di repulsione negativo al fluido e secondo la pressione dello stesso).

Nella sezione *Advanced* vi sono parametri di controllo dei precedenti:

- *Repulsion Factor* definisce la repulsione al fluido ed è un parametro direttamente legato a *Stiffness*;

- *Stiff Viscosity* permette al fluido di espandersi secondo la sua viscosità;

273

- *Interaction Radius* definisce il raggio di azione del fluido nell'interazione con altri oggetti;

- *Rest Density* definisce la densità del fluido a riposo.

La sezione *Springs* racchiude i seguenti parametri:

- *Force* (la forza della molla o del comportamento elastico del fluido);

- La spunta *Viscosity Springs* che attiva:

  - *Elastic Limit* (quanto la molla che definisce l'elasticità del fluido possa essere compressa o stirata al fine di modificare la sua lunghezza allo stato di riposo);

  - *Plasticity* ((quanto la molla che definisce l'elasticità del fluido possa essere compressa o stirata dopo che il limite di elasticità sia stato superato):

- *Rest Length* definisce la lunghezza della molla elastica a riposo.

- la spunta *Initial Rest Length* consente di utilizzare la lunghezza iniziale come lunghezza a riposo della molla nel sistema particellare associato;

- *Frames* crea le molle dal numero di fotogrammi indicato dalla nascita delle particelle.

La sezione *Fluid Interaction* permette di inserire altri sistemi particellari interagenti con *Fluid*, indicando l'oggetto *Target* e un indice assegnato al sistema particellare legato all'oggetto *target* (*System*).

Anche *Fluid* è particolarmente più indicato per sistemi particellari di tipo *Emitter*.

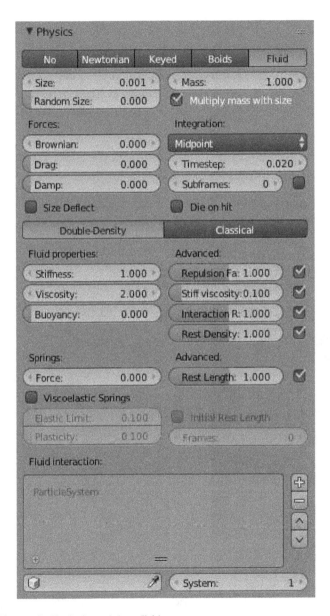

fig. 317 il pannello *Physics* impostato su *Fluid*

275

Il pannello **Render** definisce come le particelle debbano essere renderizzate.

Il menu *Material Slot* definisce il materiale con cui i filamenti (o le particelle in genere) verranno rappresentate. Di *default* essere avranno lo stesso colore, o *texture*, e gli stessi *shader* della *mesh* che li produce.

Parent consente di utilizzare lo stesso sistema di coordinate di un altro oggetto nella scena.

La spunta *Emitter* consente di renderizzare esclusivamente le particelle prodotte.

fig. 318 rimuovendo la spunta *Emitter* l'oggetto emettente non iene visualizzato, ma solo le particelle

La spunta *Parents* di renderizzare le particelle degli oggetti imparentati.

Unbord di mostrare le particelle prima che vengano emesse.

Died di mostrare le particelle dopo che queste siano state eliminate (ad esempio dopo collisioni).

Lo *switch* a 4 pulsanti definisce che tipo di particelle verranno renderizzate:

- *None* non renderizzerà alcuna particella;

- *Path* renderizzerà i filamenti;

- *Object* renderizzerà come particelle emesse oggetti definiti dal menu a tendina specifico *Dupli Object*;

- *Group* renderizzerà gruppi di oggetti precedentemente definiti e specificati nel menu specifico *Dupli Group*.

Ognuna di queste opzioni attiverà in questo pannello precisi parametri.

PATH

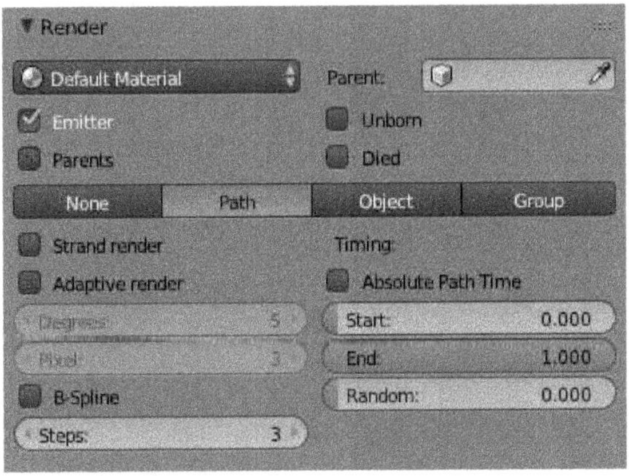

fig. 319 il pannello *Render* impostato su *Path*

277

La spunta *Strand Render* utilizza un filamento semplificato per ottenere un effetto rapido ed efficace.

La spunta *Adaptive Render* tenta di rimuovere la geometria inutile dai *path* prima del rendering filoni di particele in modo da ottenere un *rendering* più veloce per il sistema. Questo attiva due cursori:

- *Degrees* (di quanti gradi necessita un segmento di filamento per produrre un altro segmento da renderizzare;

- *Pixel* (quanti *pixel* sono contenuti in un segmento da renderizzare);

La spunta *B-Spline* consente di interpolare le spezzate degli *Hair* come *B-spline*. Questo può rappresentare una valida opzione nel caso si desideri utilizzare valori di *rendering* ridotti, perdendo un po' di controllo, ma guadagnando *path* più uniformi;

Steps definisce il numero di suddivisioni di un *path*.

La sezione *Timing* presenta le seguenti opzioni:

- la spunta *Absolute Path Time* imposta i tempi di animazione dei fotogrammi assoluti per il *path*;

- *Start* e *End* definiscono l'inizio e la fine della rappresentazione del filamento;

- *Random* permette di ottenere una variazione casuale della lunghezza dei filamenti.

OBJECT

Come già visto nel precedente esercizio, questa opzione consente di assegnare un oggetto esterno al sistema particellare, producendo la moltiplicazione dello stesso lungo tutta la superficie selezionata.

278

fig. 320 il pannello *Render* impostato su *Object*

Vi sono molte meno opzioni disponibili.

Come detto, *Dupli Object* assegna l'oggetto esterno al sistema particellare.

La spunta *Global* consente di utilizzare il sistema di coordinate globale per il sistema particellare.

La spunta *Rotation* consente di utilizzare la rotazione dell'oggetto assegnato per la duplicazione particellare, considerando che l'asse delle x del sistema globale è considerato l'asse di rotazione base del sistema particellare. Questo è il motivo per cui, nell'esercizio con gli alberi, l'oggetto tipo (spostato nel *layer* 2) è stato ruotato attorno all'asse delle x per poter essere visualizzato in piedi durante la duplicazione.

La spunta su *Scale* permette di considerare la scalatura dell'oggetto impostato durante la duplicazione particellare.

GROUP

Questa opzione è simile alla precedente. La differenza sta che vengono considerati oggetti raggruppati (definiti in *Dupli Group*) in luogo di oggetti singoli, per la duplicazione particellare.

279

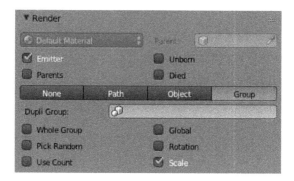

fig. 321 il pannello *Render* impostato su *Group*

Le spunte *Global*, *Rotation* e *Size* hanno la stessa funzione già descritta in precedenza.

Esistono altre tre opzioni a spunta:

- *Whole Group*, che consente di utilizzare tutto il gruppo selezionato in una sola volta, come un blocco;

- *Pick Random* che utilizza nella duplicazione particellare in modo casuale gli oggetti facenti parte il gruppo;

- *Use Count* utilizza più volte l'oggetto nello stesso gruppo.

Il pannello **Display** definisce le modalità di visualizzazione delle particelle nella 3D view e durante il processo di *rendering*.

fig. 322 il pannello *Display* (a sinistra impostando *Rendered*, a destra *Path*

280

Lo *switch* a tre pulsanti permette di scegliere se non visualizzare le particelle nella 3D view (*None*), se mostrare e renderizzare le particelle definite nel pannello *Render* (*Rendered*) o se mostrarle e renderizzarle in modalità *Path* (visibili nella 3D view ma renderizzabili solo in *Blender Render*, ma non in *Cycles*). Nell'ultimo caso si attiva un contatore (*Draw Size*) che definisce le dimensioni del *path* generato.

Il cursore *Display* definisce la percentuale visualizzate delle particelle considerate nel pannello *Emission*.

La spunta *Size* mostra le dimensioni delle particelle.

La spunta *Velocity* mostra la *velocity* delle particelle.

La spunta *Number* mostra il numero di ogni particella generata nella 3D view.

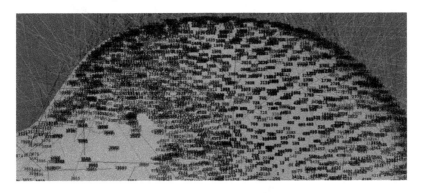

fig. 323 le particelle numerate

Nella sezione *Color*, il menu *Draw Color* consente di scegliere il colore di visualizzazione nella 3D view della particelle, in base al materiale, alla *velocity* o all'accelerazione, oppure di non visualizzare alcun colore (*None*).

I parametri *Max* e *steps* definiscono le variabili di visualizzazione delle soluzioni di colore di tipo vettoriale (*Acceleration* e *Velocity*).

Grazie al pannello **Children** è possibile associare a ognuna delle particelle emesse (dette genitori o *parents*) delle altre particelle ad esse legate secondo un comportamento definito dall'opzione *Simple* o dall'opzione *Interpolated*.

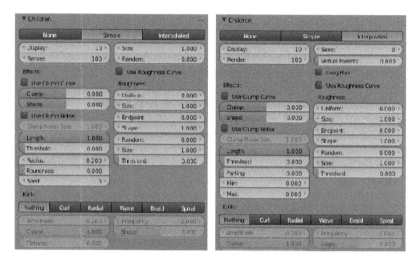

fig. 324 il pannello *Children* (a sinistra impostato su *Simple*, a destra su *Interpolated*)

Questo metodo di produrre particelle è assai utile in caso di scene molto complesse in cui si intenda agire solo su pochi elementi emessi, oppure in caso di effetti particolari, come capelli raggruppati e pettinati in modi ben definiti (ciuffi, trecce, ricci).

Una comoda e utile opzione consente di visualizzare i *children* in modo differito tra l'ambiente 3D view (Display) e il *render* definitivo (*Render*). Nei contatori *Display* e *Render* è possibile definire il numero di *children* visualizzati per ogni genitore in modo differente nelle due modalità.

Vediamo quali sono le opzioni disponibili nelle due modalità *Simple* e *Interpolated*.

Questa prima opzione genera particelle dal comportamento più semplice e lineare nei confronti delle particelle genitore.

Size rappresenta un fattore di moltiplicazione dei *children* in funzione della loro dimensione originale, mentre *Random* genera particelle figlie di dimensioni variabili.

La spunta *Use Roughness Curve* attiva un'area di lavoro in cui è possibile utilizzare una curva per determinare la rugosità del filamento.

I pulsanti + e − fungono da zoom in e zoom out, la chiave inglese consente di scegliere gli strumenti di modifica della curva (*Tools*), il pallino bianco le opzioni di ritaglio e definizione della curva (*Clipping Options*). La X cancella i punti della curva selezionati.

All'interno dell'area di lavoro è possibile navigare cliccando LMB e muovendo il mouse.

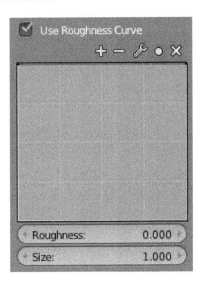

fig. 325 le opzioni *Use Roughness Curve*

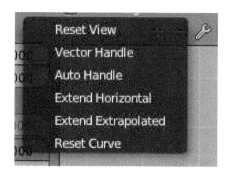

fig. 326 il menu *Tools*

fig. 327 il menu *Clipping Options*

In alternativa nella sezione *Roughness* si possono definire:

- *Uniform* (quantità di rugosità dipendente dalla posizione delle particelle sulla *mesh*);

- *Size* (le dimensioni del fattore rugosità dipendente dalla posizione);

- *Endpoint* (il valore della rugosità in funzione della lunghezza del filamento);

- *Shape* (la rugosità in base alla forma del punto finale, o *endpoint*, del filamento);

- *Random* (valore della rugosità casuale della forma delle particelle);

- *Size* (rugosità in funzione delle dimensioni casuali delle particelle);

- *Threshold* (soglia oltre la quale la rugosità interagisce con il valore *Random*).

Nella sezione *Effects* è possibile attivare *Use Clump Curve* per definire una curva che regoli l'andamento della *"aggregazione"* di particelle *children* (o *clumping*) in modo analogo alla precedente.

In alternativa è possibile definire manualmente il valore *Clump* e *Shape* (la forma del raggruppamento).

La spunta *Use Clump Noise* aggiunge del rumore casuale all'aggregazione di particelle *children*, definendone il valore nel contatore *Clump Noise Size*.

Length definisce la lunghezza delle particelle *children*, mentre *Threshold* il numero limite oltre il quale le particelle *children* non subiranno l'influenza del valore *Length*.

Radius è un parametro importante che definisce il raggio entro il quale le particelle *children* saranno raccolte attorno alla particella genitore di riferimento, mentre *Roundness* in che modo le particelle *children* si aggregheranno attorno al genitore.

Seed assegna differenti combinazioni e configurazioni di aggregazione delle particelle *children* attorno ai genitori.

La sezione *Kink* (letteralmente *"capriccio"*, ma anche *"nodo"*), impone alle particelle di attorcigliarsi secondo istruzioni e parametri ben precisi.

Nella fattispecie è possibile scegliere fra 6 opzioni: *Nothing* (nessun effetto di attorcigliamento), *Curl* (comportamento che arriccia i filamenti), *Radial* (comportamento ed emissione radiali rispetto al genitore), *Wave* (andamento ondulato), *Braid* (andamento dei *children* in modo che si intreccino attorno al genitore) e *Spiral* (tipico di capelli ricci e attorcigliati a forma di spirale).

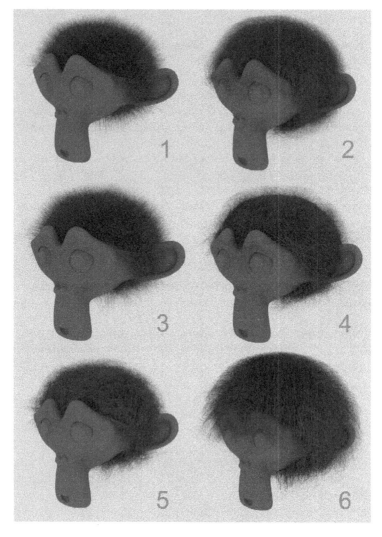

fig. 328 comportamento *Kink* delle particelle *Hair*: 1) *Nothing*; 2) *Curl*; 3) *Radial*; 4) *Braid*; 5) *Spiral*

286

Ad esclusione dell'opzione *Nothing*, le altre 5 opzioni attivano alcuni parametri aggiuntivi necessari per la regolazione dell'effetto.

Amplitude regola l'ampiezza della deviazione dei filamenti rispetto al percorso (*path*) originale.

Il cursore *Clump* determina in che percentuale (da 0 a 1) il *clump* interferisce nell'ampiezza della deviazione.

Frequency imposta la frequenza dell'*offset* (deviazione) delle particelle *children*.

Shape regola l'*offset* in funzione dell'inizio o della fine del filamento.

Flatness determina infine quanto i filamenti *Hair* debbano essere lisci.

INTERPOLATED

In questa modalità la distribuzione delle particelle *children* avviene in modo interpolato rispetto alla modalità *Simple*.

I parametri differiscono solo in alcuni casi, come, ad esempio, in luogo dei parametri dimensionali (*Size* e *Random*) tipici della modalità *Simple*, sono presenti: *Seed* (che genera configurazioni casuali); e *Virtual Parents* che crea parentele genitoriali virtuali in aggiunta a quelle reali.

La spunta *Long Hair* migliora il calcolo della simulazione in modo che i *children* si adattino bene ai capelli lunghi definiti dai genitori.

Nel pannello **Field Weights**, si definisce in che modo le forze esterne agiscano sulle particelle.

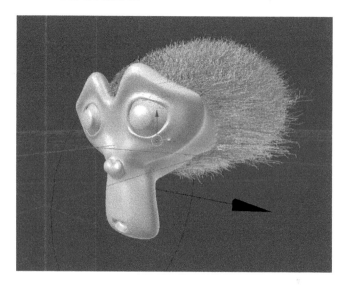

fig. 329 il pannello *Field Weights*

Le opzioni sono analoghe a tutti i pannelli omonimi presenti nelle varie simulazioni fisiche.

fig. 330 l'effetto di un *Force Field Wind* in direzione *y* sui capelli

288

Sono state aggiunte tre opzioni dedicate:

- la spunta *Use For Growing Hair* utilizza le forze esterne per allungare i capelli *Hair*;

- *Effect to Children* applica l'effetto della forza esterna anche sui *children*;

- *Stiffness* determina la rigidità dei capelli rispetto alla forza esterna applicata.

Lanciando l'animazione con ALT + A, l'effetto della forza esterna sarà animato e risponderà adeguatamente alle variazioni impostate nel *tab Physics Force Field*.

Nel pannello **Force Field Settings** sono definite le impostazioni relative alle forze esterne.

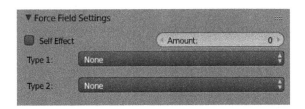

fig. 331 il pannello *Force Field Settings*

Questo pannello offre la possibilità di inserire fino a due forze esterne specifiche per quel sistema particellare e influenti solo e soltanto su esso.

Nei menu *Type 1* e *Type 2* si possono scegliere i *Force Field* da applicare. Si attiveranno una serie di parametri propri di ogni forza che dovranno essere impostati per ottenere l'interferenza con le particelle grazie alla spunta *Self Effect*.

fig. 332 alla selezione di una forza sono disponibili i parametri di regolazione

I parametri *Strength*, *Flow* e *Noise* regolano rispettivamente l'intensità il flusso e il rumore della forza, mentre *Seed* crea configurazioni causali dell'effetto.

Location e *Rotation* regolano la posizione e la rotazione delle particelle deviate dalla forza in funzione della posizione e della rotazione dinamica.

La spunta *Collision Absorption* impone alla forza di essere assorbita se le particelle entrano in collisione con le facce della mesh.

Il menu *Falloff* determina la direzione relativa z (positiva, negativa o entrambe) lunga la quale l'effetto della forza esterna deve intervenire sulle facce e *Power* con quale potenza (impostata a 2 si ottiene l'effetto della reale forza gravitazionale).

Le spunte su *Minimum* e *Maximum* definiscono rispettivamente le distanze minima e massima entro e oltre le quali la forza avrà effetto sulle particelle.

290

Il pannello **Vertex Group** dispone di 7 caselle in cui inserire fino ad altrettanti *Vertex Group* differenti che definiscano (in base al peso ad assegnato ai vertici) la densità delle particelle (*Density*), la lunghezza (*Lenght*), l'accorpamento (*Clump*), la quantità di arricciatura (*Kink*), due differenti rugosità (*Roughness* 1 e 2) e la rugosità terminale del filamento (*Roughness End*).

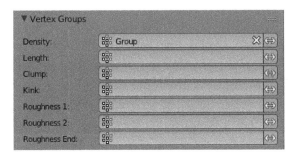

fig. 333 il pannello *Vertex Group*

Naturalmente per colorazioni del *Weight Paint* tendenti al rosso il valore di riferimento sarà massimo, mentre per valori tendenti al blu sarà minimo o nullo.

Il pannello **Texture** collega una o più *texture*, scelte dall'apposito *tab Texture* della finestra *Properties* al sistema particellare.

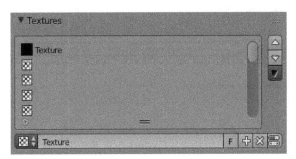

fig. 334 il pannello *Texture*

Queste possono essere richiamate dal menu a tendina, mentre nella regione superiore vengono visualizzate tutte le *texture* assegnate, con la possibilità di essere rinominate.

Questo pannello è attivo sono con il motore di *rendering Cycles* impostato.

Nel pannello **Cycles Hair Settings**, attivo anch'esso solo se impostato il motore *Cycles*, definisce la geometria del filamento che effettivamente verrà renderizzata nella scena.

Il cursore *Shape* (da -1 a 1) definisce un fattore generale di moltiplicazione per il dimensionamento della forma del filamento (*strand*). Per valori negativi il filamento verrà ingrandito, mentre per valori positivi ridotto.

Root e *Tip* sono due parametri molto importanti perché determinano lo spessore alla radice e in punta del filamento.

Scaling permette una scalatura in larghezza delle particelle, mentre la spunta *Close Tip* impone un raggio minimo in punta alle particelle chiudendone la forma.

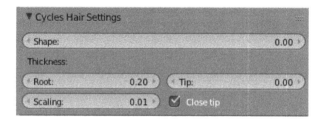

fig. 335 il pannello *Cycles Hair Settings*

Anche l'ultimo pannello, **Cycles hair Rendering** si attiva solo in *Cycles*.

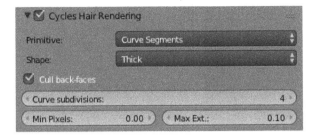

fig. 336 il pannello *Cycles Hair Rendering*

Definisce la forma dei filamenti utilizzando due parametri che aprono altrettanti menu a tendina: *Primitive* e *Shape*.

Il menu *Primitive* imposta la forma base (primitiva, appunto) del segmento, scegliendolo tra una curva (*Curve Segments*) che genera filamenti morbidi e raccordati; una spezzata (*Line Segments*) e una forma a sezione triangolare (*Triangles*).

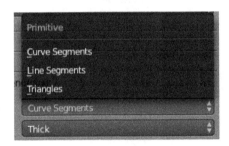

fig. 337 il menu *Primitive*

Il menu *Shape* definisce invece la forma tridimensionale del filamento. Sono disponibili due opzioni: *Thick* (che genera filamenti tridimensionali utilizzando le sezioni definite in *Primitive*) e *Ribbon* che crea filamenti di forma piatta, simili a fascette, fettucce, fili d'erba (*Ribbon*).

La spunta *Cull Back-faces* consente di non considerare le facce opposte alla vista del filamento durante il *rendering*. Si consiglia di mantenere attiva la spunta in ogni caso.

293

fig. 338 il menu *Shape*

Curve Subdivisions definisce la risoluzione generale del filamento. Imposta, in pratica, il numero dei segmenti di cui è composto il filamento. Un numero elevato è consigliabile in caso di filamenti destinati all'effetto dei *Force Field*, alla dinamica, o all'arricciamento e la piegatura.

Min Pixel e *Max Extension* definiscono il numero minimo di *pixel* utilizzati nel filamento e la massima estensione per cui può essere incrementato il raggio di curvatura del filamento.

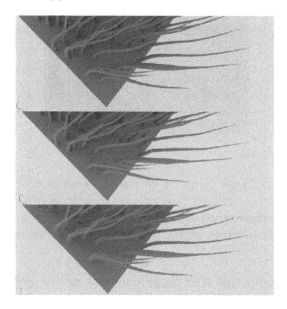

fig. 339 alcuni filamenti generati impostando *Primitive* e *Shape*

294

4.4.2. Sistema particellare *Emitter*

I pannelli specifici per il sistema particellare *Emitter* sono sostanzialmente gli stessi già visti in precedenza.

Alcuni di questi non sono tuttavia presenti, proprio perché riferiti specificamente agli *Hair*.

Altri presentano, invece, alcune differenze come la mancanza di alcuni parametri ritenuti senza significato in questa tipologia o l'aggiunta di funzionalità dedicate.

Il pannello **Emission** definisce le modalità con cui le particelle verranno generate dalla *mesh*.

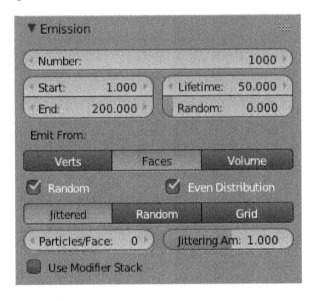

fig. 340 il pannello *Emission*

Le funzionalità di questo pannello sono del tutto analoghe a quello relativo al sistema *Hair*, con l'unica differenza che, trattandosi il sistema *Emitter* di una simulazione necessariamente animata, è necessario definire la durata dell'animazione in relazione alla *Timeline* e ai fotogrammi.

Start e *End*, infatti, definiscono il fotogramma di inizio e di fine animazione.

Lifetime imposta la durata di vita delle particelle emesse prima che vengano dissolte come neve, mentre *Random* forza casualità in questo parametro.

Il pannello **Display** gestisce le opzioni di visualizzazione delle particelle nella 3D view.

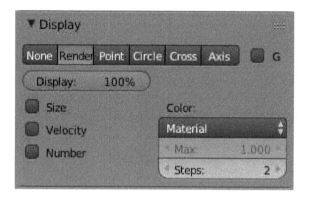

fig. 341 il pannello Display

Lo *switch* a 6 pulsanti consente di scegliere la metodologia di visualizzazione, ricordandosi che *Cycles*, a differenza di *Blender Render*, non è in grado di renderizzare particelle procedurali.

Questo significa che è necessario assegnare alle particelle *Emitter* un oggetto esterno definito poi nel pannello *Render* che vedremo in seguito.

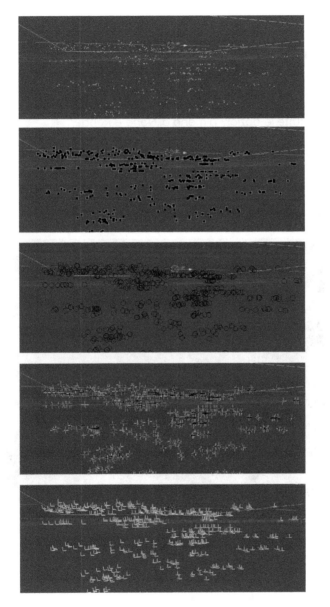

fig. 342 visualizzazione delle particelle nella *Viewport*. Dall'alto verso il basso: *Render*, *Point*, *Circle*, *Cross*, *Axis*

297

E' possibile scegliere quindi se non visualizzare le particelle (*None*) o se visualizzarle come definito nel pannello *Render*, come punti (*Point*), cerchietti (*Circle*), croci (*Cross*) o piccoli sistemi di assi (*Axis*), le cui dimensioni sono definite nel contatore *Draw Size* (che si attive per tutte le opzioni a meno di *None* e *Render*.

Il cursore *Display* permette di visualizzare la percentuale di particelle in esso definita, al fine di risparmiare potenza di calcolo.

Le altre opzioni sono le stesse già analizzate per il sistema particellare *Hair*.

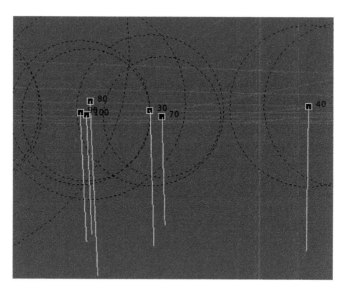

fig. 343 visualizzazione dei dati *Size*, *Velocity* e *Number* associati alle particelle *Emitter*

Il pannello **Render** definisce invece le opzioni di visualizzazione in ambiente di *rendering*.

Le opzioni di questo pannello differiscono dall'omologo relativo al sistema *Hair* per la tipologia di particelle renderizzate, scelte tra: *None* (nessuna particella), *Halo* (particella luminosa), *Line* (particella lineare), *Path* (particella generica emessa), *Object* (particella che fa riferimento ad un oggetto esterno), *Group* (particella che fa riferimento ad un gruppo di oggetti esterni) e *Billboard* (elementi bidimensionali quadrangolari).

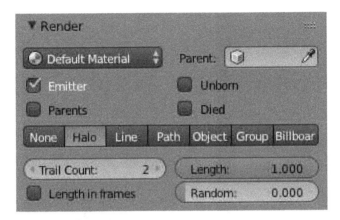

fig. 344 il pannello *Render* impostato su *Halo*

Ognuno di queste modalità attiva opzioni differenti ad esse associate, alcune delle quali già analizzate in precedenza.

Vedremo quindi quali sono i parametri relativi a *Halo, Line* e *Billboard*.

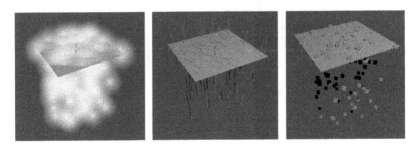

fig. 345 renderizzazione in *Blender Render* in modalità *Halo, Line* e *Billboard*

299

In modalità di renderizzazione *Halo* sono disponibili i seguenti parametri:

- *Trail Count* definisce il numero di tracce di emissioni delle particelle;

- La spunta *Length in Frames* attiva il cursore *Length* che imposta la durata dell'emissione in relazione al numero di fotogrammi della *Timeline*;

- *Random* emette particelle in tempi differiti casuali.

LINE

In questa modalità si definiscono:

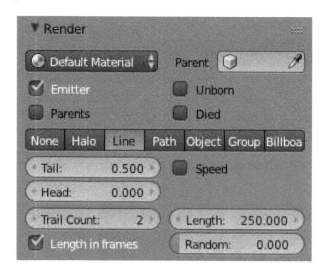

fig. 346 il pannello *Render* impostato su *Line*

- *Tail* (lunghezza delle linee emesse);

- *Head* (lunghezza della testa delle linee);

- *Trail Count* (numero di tracce di emissioni delle particelle);

- La spunta *Speed* (moltiplica la lunghezza delle linee per la velocità di emissione);

- I parametri *Lenght* che definiscono la durata delle emissioni come per il caso precedente.

BILLBOARD

In questa ultima modalità vengono definite le seguenti opzioni dedicate:

- *Allign* (allineamento secondo l'asse x, y, o z, oppure secondo la vista corrente o secondo la velocità di emissione);

- La spunta *Lock* (blocco dei cartellini secondo l'asse selezionato);

- *Angle* e *Random*, facenti parti della sezione *Tilt* (rispettivamente l'angolo di inclinazione dei cartellini e un parametro che determini la casualità dell'inclinazione);

- *X* e *Y*, relativi alla sezione *Offset* (gestiscono la deviazione delle particelle in direzione x e y);

- *Scale* (scalatura in direzione x e y) dei cartellini emessi;

- *Billboard Normal UV* (*UV Map* che gestisce la mappatura dei cartellini);

- *Billboard Time Index* (*UV Map* che gestisce la mappatura dei cartellini assegnandone un indice);

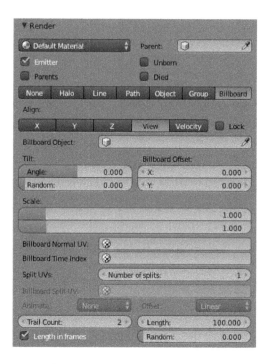

fig. 347 il pannello *Render* impostato su *Billboard*

- *Number of Splits* (numero delle righe e delle colonne su cui mappare la *UV Map*);

- *Billboard Split UV* (*UV Map* che gestisce la mappatura dei cartellini secondo il numero di righe e colonne);

- *Animate* (il modo in cui si anima la *texture* sui cartellini emessi, scegliendo tra: *None*, *Age*, *Frame* o *Angle*);

- *Offset* (il modo in cui viene deviata la *texture* sui cartellini emessi, scegliendo tra: None, Linear o *Random*);

- I parametri *Lenght* che definiscono la durata delle emissioni come per il caso precedente.

302

4.5. L'intelligenza artificiale

Vi sarete più volte chiesti come, nel cinema di animazione, masse sconfinate di attori, bestie, animali volanti, terrestri o acquatici possano essere gestiti con tanta precisione.

Non certo assoldando un numero ingente di attori, né ammaestrando animali selvatici o insetti!

Si ricorre alla computer grafica e agli algoritmi di intelligenza artificiale, gestiti egregiamente da molti *software* e anche da *Blender*, in un contesto detto *Boid*, ovvero *"uccelloide"*.

Il nome scelto render perfettamente l'idea del comportamento sincronizzato di uno stormo di uccelli, nel complesso omogeneo, ma individualmente caratterizzato da fattori di casualità.

Con questo sistema è possibile gestire percorsi di masse sincronizzate, fughe, inseguimenti attraverso specifici algoritmi, che possono essere utilizzati in animazioni spettacolari e videogame 8ad esempio nemici che si inseguono).

Si tratta di un processo davvero complesso che, per prima cosa, faremo in modo di illustrare a mezzo di un esempio pratico, prima di definire i parametri contenuti nel pannello *Physics*, impostato come *Boids* e nel pannello ad esso associato *Boid Rain*.

 ESERCIZIO n. 30: UNO STORMO DI UCCELLI

In questo esercizio, che speriamo possa chiarire il funzionamento della fisica *Boids*, associata alle particelle *Emitter*, ricreeremo il comportamento sincronizzato di uno stormo.

Per motivi legati alle nozioni fino ad ora impartite, le ali degli uccelli non verranno animate. Infatti, la trattazione specifica legata all'animazione sarà disponibile nel quarto volume.

303

Per prima cosa, inseriamo nella scena una *mesh* di tipo *Landscape* che crea automaticamente un territorio con rilievi altimetrici. Questa opzione va attivata tra gli *Addons*.

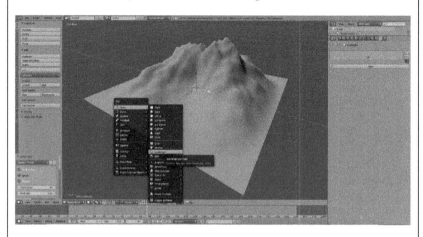

fig. 348 inserimento di una *Landscape* nella scena

Posizioniamo un sole e impostiamo una vista camera.

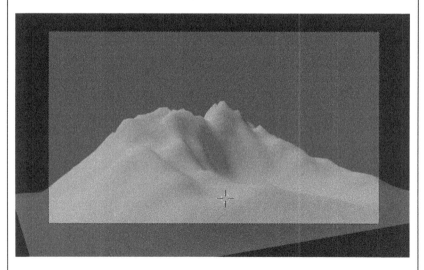

fig. 349 vista camera

Posizioniamo in corrispondenza del *3D Cursor* un oggetto *Empty* che legheremo alla camera, selezionando prima questa e poi l'*Empty* e, con la combinazione di tasti CTRL + T, scegliendo l'opzione *Track To Constraint*. In questo modo la camera inquadrerà costantemente il suo *target*, nella fattispecie, l'*Empty*.

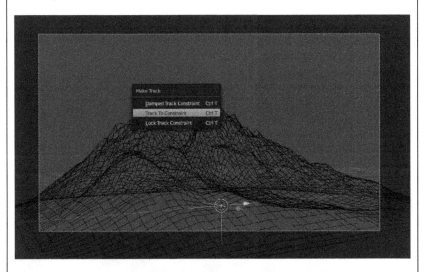

fig. 350 *Track To Constraint*

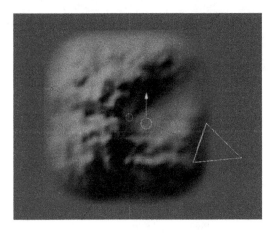

fig. 351 posizionamento dell'*Empty*

305

Provate a spostare l'*Empty*: la camera continuerà ad inquadrarlo.

Posizioniamolo quindi prima della catena montuosa e rinominiamolo *"Target Camera"*.

Inseriamo ora un piccolo piano e posizioniamolo in corrispondenza dell'*Empty*, subito al di sopra della superficie del *Landscape*. Rinominiamolo *"Emettitore"*.

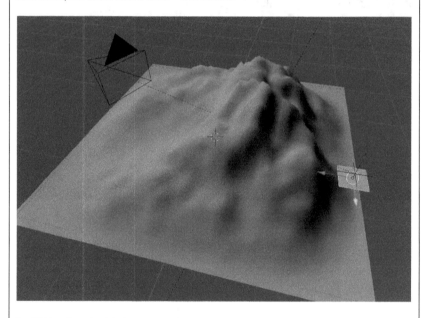

fig. 352 inserimento del piano

Con il piano *"Emettitore"* selezionato, assegniamo un *Particle System* di tipo *Emitter* e impostiamo 20 particelle nel contatore *Number*.

Regoliamo inoltre *Start* e *End* in modo che corrispondano entrambi all'inizio e alla fine dei fotogrammi della *Timeline*, ovvero 1.

Regoliamo quindi la durata della loro vita (*Lifetime*) a 250, pari al numero dei fotogrammi impostati per l'animazione.

Per evitare che le particelle oltrepassino il terreno, selezioniamo il *Landscape* e nel *tab Physics*, impostiamo *Collision*.

Selezioniamo nuovamente il piano "*Emettitore*" e nel pannello *Physics* del *tab Particles*, definiamo il comportamento delle particelle emesse come *Boids*.

Provando a lanciare l'animazione con ALT + A, le particelle inizieranno a volteggiare.

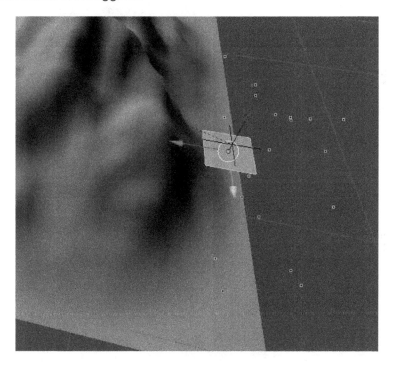

fig. 353 particelle *Boids* che volteggiano

Posizioniamo ora il *3D Cursor* al centro del piano "*Emettitore*" digitando SHIFT + S e scegliendo l'opzione *Cursor To Selected*.

307

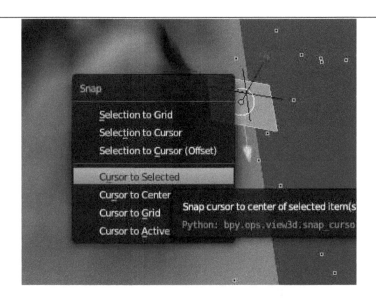

fig. 354 posizionamento del *3D Cursor* al centro dell'emettitore

Inseriamo in quel punto un nuovo oggetto *Empty*, dando questa volta la forma di una sfera, ad esempio, per non confonderlo visivamente con il *target* e rinominandolo *"percorso boids"*.

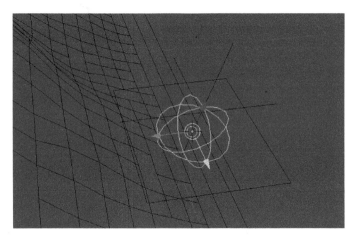

fig. 355 inserimento dell'*Empty*

308

Con l'*Empty* selezionato nella posizione corrente, assicurandoci che il fotogramma selezionato sia quello iniziale, in corrispondenza dei contatori *Location* nella *Properties Bar* digitiamo I per fissare un primo *keyframe*. Le caselle si riempiranno di colore giallo.

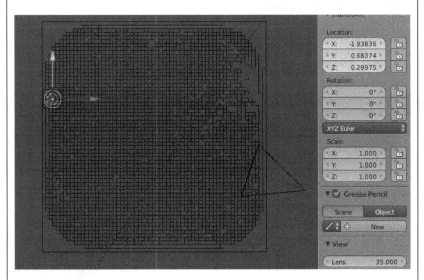

fig. 356 *keyframe* n. 1

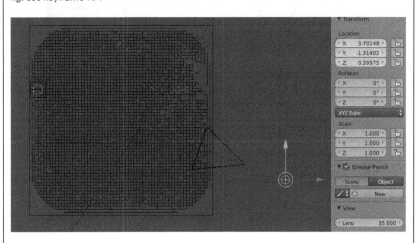

fig. 357 *keyframe* n. 2

Posizioniamoci ora sull'ultimo fotogramma e spostiamo l'*Empty* alle spalle della camera, fissando un secondo *keyframe*.

Lanciando l'animazione *Empty "percorso boids"* si sposterà dal punto iniziale a quello finale.

Fissiamo altri *keyframe* per definire un percorso più dettagliato, a *zig zag*, e che segua l'andamento montuoso della *mesh* *Landscape*.

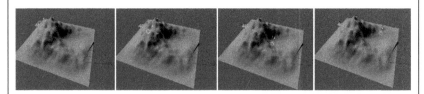

fig. 358 ulteriori *keyframe*

Selezioniamo ora il piano emettitore e, nel pannello *Boid Brain* del *tab* Particles, definiamo il tipo di intelligenza artificiale, aggiungendo cliccando sul pulsante +, l'opzione *Follow Leader*.

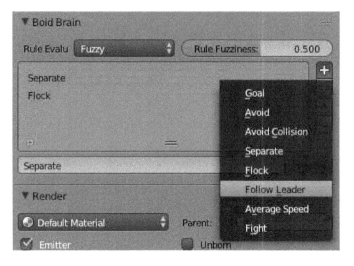

fig. 359 *Follow Leader*

Posizioniamo l'opzione come seconda della lista con la freccetta.

In questo modo le particelle seguiranno il percorso e il comportamento di una guida, nella fattispecie l'*Empty "percorso boids"*, specificandolo nella casella *target*.

Definiamo la distanza dal *leader* a 0.1 nel contatore *Distance*.

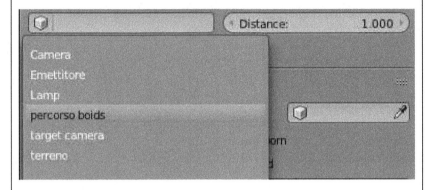

fig. 360 specifica del *target* come *leader*

Nel pannello *Physics* del *tab Particles*, assicuriamoci che la spunta *Allow Flight* sia attivata per permettere alle particelle di volare. In caso si trattasse di oggetti che camminano, avremmo dovuto spuntare *Allow Land*.

fig. 361 *Allow Flight*

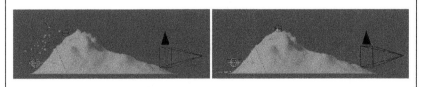

fig. 362 differenza del comportamento tra *Allow Flight* e *Allow Land*

311

Nel *layer* 2, realizziamo, partendo da un piano scalato e alcuni *loop*, la sagoma di un uccello.

fig. 363 realizzazione dell'uccello

Applichiamo i modificatore Solidify *per dare spessore alla* mesh e *Subdivision Surface* e lo *Smooth* per ammorbidirne la forma e le spigolosità.

Torniamo al *layer* 1, selezioniamo il piano emettitore e, nel pannello *Render* del *tab Particles* impostiamo l'opzione *Object* e assegniamo l'uccello come *Dupli Object*, regolando eventualmente le dimensioni (*Size*).

Nel pannello *Children*, assegniamo per ogni particella genitore, 20 particelle figlie.

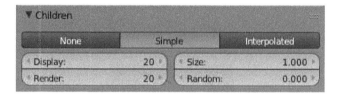

fig. 364 particelle *children*

Lanciando l'animazione, lo stormo sarà molto più numeroso.

Lo stormo seguirà il *leader*, simulando un'intelligenza artificiale molto credibile e definita.

312

Non ci resta che associare dei *keyframe* anche all'*Empty* "*Camera Target*", in modo che la camera segua l'andamento dell'*Empty* associato con l'opzione *Track To Constraint*.

fig. 365 animazione dello stormo

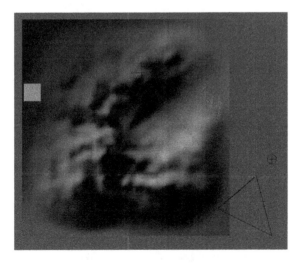

fig. 366 gradiente *Weight Paint* per la densità del prato

Possiamo divertirci ad assegnare materiali e sfondi, sistemi particellari *Hair* per riprodurre il prato nel *Landscape* (con il gradiente del *Weight Paint*) e lanciare il *rendering* finale dell'animazione.

fig. 367 *render* finale dell'animazione dello stormo di uccelli

Una volta realizzato questo esercizio, vediamo quali sono le opzioni nel dettaglio dei pannelli **Physics** (impostato come **Boids**) e **Boids Brain**. Vediamo per prima cosa i parametri relativi a *Physics*.

Così come per le altre modalità, *Size*, *Random Size*, *Mass* e *Multiply Mass with Size* sono parametri che definiscono le dimensioni e la massa della particella.

Allow Flight, *Allow Land* e *Allow Climbing* forzano le particelle a rimanere rispettivamente sospese in volo, ancorate a terra o cadenti verso il basso.

Max Air Speed e *Min Air Speed* definiscono la velocità massima e minima delle particelle in aria.

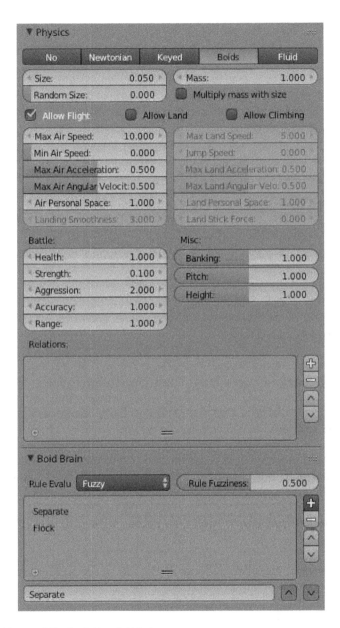

fig. 368 i pannelli *Physics Boids* e *Boid Brain*

315

Max Air Acceleration e *Max Air Angular Velocity* definiscono la accelerazione massima delle particelle in aria e la massima velocità angolare.

Air Personal Space, che rappresenta una percentuale delle dimensioni delle particelle, imposta il raggio di azione in aria delle particelle in movimento.

Landing Smoothness (attivo solo con *Allow Land* spuntato) imposta quanto le particelle si muovano in modo morbido a terra.

Max Land Speed definisce la velocità massima delle particelle a terra.

Jump Speed imposta la velocità massima delle particelle in fase di salto.

Max Land Acceleration e *Max Land Angular Velocity* definiscono la accelerazione massima delle particelle e la massima velocità angolare a terra.

Land Personal Space, in modo analogo a *Air Personal Space*, imposta il raggio di azione a terra delle particelle in movimento.

Land Stick Force indica quanto una forza deve essere impressa al fine di spingere una particella *boid* a terra.

Nella sezione *Battle* si definiscono i comportamenti di particelle con intelligenza artificiale *boid*, utilizzate per simulazioni di battaglie e combattimenti (utili per *videogame* e animazioni di collisioni):

- *Health* definisce lo stato di "*salute*" iniziale di una particella *boid*;

- *Strength* definisce i danni massimali al secondo durante un attacco;

316

- *Aggression* definisce un parametro proporzionale all'accanimento aggressivo che una particella *boid* avrà nei confronti di un nemico;

- *Accurancy* determina la precisione dell'attacco;

- *Range* imposta la distanza massima al di là della quale la particella sferrerà un attacco.

Nella sezione *Misc*:

- *Banking* imposta la quantità di rotazione attorno al vettore di velocità in curva;

- *Pitch* assegna la quantità di rotazione secondo la misura del vettore;

- *Height* determina l'altezza dei *boid* in relazione alle dimensioni delle particelle.

La sezione *Relations* definisce infine i rapporti delle particelle intelligenti con altri oggetti.

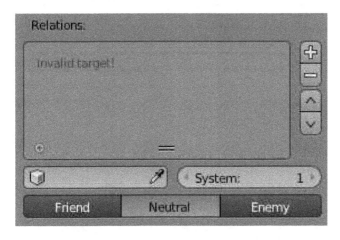

fig. 369 la sezione *Relations* del pannello *Physics* impostato su Boids

317

L'area superiore di questa sezione contiene la lista degli oggetti legati al sistema particellare. Queste relazioni possono essere aggiunte o rimosse con i pulsanti + e -.

La casella *target* permette di selezionare un oggetto che avrà un rapporto con le particelle.

System assegna un valore numerico (indice) al sistema particellare.

Lo *switch Friend/Neutral/Enemy* definisce il tipo di rapporto che le particelle avranno con l'oggetto *target* indicato, ossia se "amichevole", "neutrale", o "offensivo".

Nel pannello **Boid Brain** si definisce il tipo di intelligenza, anche complessa delle particelle.

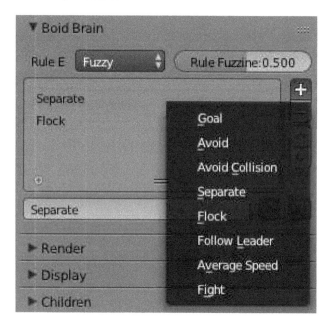

fig. 370 il pannello *Boid Brain*

318

Il menu *Rule Evaluation* pone in che modo le regole nella lista sottostante dovranno essere considerate:

- *Fuzzy* (in modo confusionario);

- *Random* (in modo casuale);

- *Average* (una media fra i due).

Il cursore *Rule Fuzziness* (tra 0 e 1) definisce il livello di confusione.

Nello spazio successivo vengono inserite le varie regole comportamentali, che possono essere rimosse (pulsante -) o inserite (pulsante menu +). Tali regole sono:

- *Fight* (combattimento/aggressione verso un oggetto *target*);

- *Average Speed* (velocità media);

- *Follow Leader* (le particelle seguono un oggetto detto *leader*, di solito un *Empty*, ma anche un *character* guida);

- *Flock* (simulazione del comportamento di un gregge);

- *Separate* (comportamento che tende a separare e allontanare le particelle);

- *Avoid Collision* (in modo da evitare sempre collisioni con altri oggetti o le stesse particelle);

- *Avoid* (in modo da evitare qualsiasi effetto);

- *Goal* (comportamento preciso e ordinato, come se le particelle avessero un preciso scopo).

Nella casella di testo sottostante è possibile rinominare la regola selezionata nella lista.

4.6. La modalità Particle Edit

Abbiamo già dato alcune anteprime su questa modalità, durante lo svolgimento dell'esercitazione n. 29 di questo volume.

In tale modalità, come visto, si entra in una sorta di *Edit Mode* relativo al *Particle System*, al *Cloth* o al *Soft Body*, in cui i filamenti di tipo *Hair* possono essere indirizzati e corretti nel loro percorso, allungati o accorciati, aggiunti o ridotti nel numero, gonfiati, in modo analogo al trattamento dei capelli nelle mani di un esperto parrucchiere.

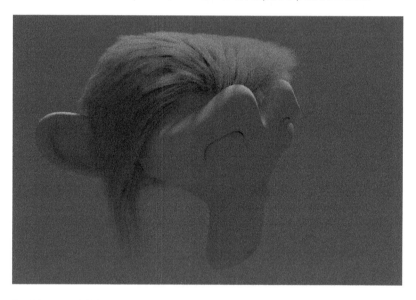

fig. 371 la capigliatura creata col sistema particellare su *Suzanne* è stata pettinata e acconciata in ambiente *Particle Edit*

Per entrare in modalità *Particle Edit* è necessario selezionare una *mesh* con un sistema particellare di tipo *Hair* applicato e, nell'*header* della 3D view, nel menu *Mode*, selezionare *Particle Edit*, caratterizzato da un simbolo a forma di pettine.

fig. 372 selezione del *Particle Edit* dal menu *Mode* dell'*header* della 3D view

Nella *Tools Shelf* della 3D view, si attiverà uno specifico *tab* *Tools* in cui saranno contenuti tutti gli strumenti necessari per intervenire sulle acconciature dei filamenti *Hair*.

Questo *tab* è suddiviso in due pannelli, **Brush** che definisce il tipo di *"pennello"* con cui disegnare l'acconciatura direttamente sulla *mesh*; e **Options** che contiene tutte le opzioni relative al *brush* scelto.

Sono disponibili 7 *brush* differenti: *Comb* (pettine); *Smooth* (arrotondamento); *Add* (aggiunta); *Length* (allungamento); *Puff* (cotonatura), *Cut* (taglio), *Weight* (peso delle sezioni del filamento).

Nel pannello *Option* è inoltre possibile, nel menu *Type* determinare se il *brush* avrà influenza su un sistema particellare, su un *Cloth* o su un *Soft Body*.

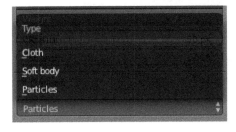

fig. 373 il menu *Options Type*

Questi *brush* permettono rispettivamente di pettinare, allisciare e tagliare i filamenti *Hair* grazie ad un pettine virtuale nella 3D view, caratterizzato da un cerchio.

Tale cerchio definisce le dimensioni dell'area di intervento che sono funzionali dello zoom e che possono essere regolate dal parametro *Radius*.

Strength regola la forza impressa dal pettine. Minore sarà il parametro, minore il filamento subirà l'influenza del pettine.

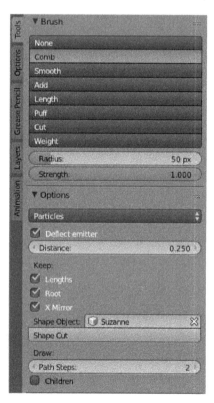

fig. 374 il *tab Tools* con il *brush Comb* impostato

Nel pannello **Options**, è presente il menu *Type*, già analizzato e altri parametri (comuni ai tre *brush*) utili per la definizione dell'intervento di pettinatura della simulazione sulla *mesh*.

La spunta *Deflect Emitter* definisce la distanza del filamento a partire da una specifica distanza (*Distance*) dalla *mesh* emettente.

L spunta *Lengths* mantiene la lunghezza durante la pettinatura o la lisciatura dei capelli. *La spunta Root* mantiene bloccata la radice dei filamenti sulla *mesh*. La spunta *X Mirror* consente di specchiare la pettinatura secondo l'asse x.

Shape Object consente di selezionare la *mesh* su cui considerare l'esterno. Questo è utile per tagliare in un colpo solo tutti gli *Hair* associati alla *shape* selezionata (*Shape Cut*).

Nella sezione *Draw, Path Steps* consente di definire la risoluzione e la scorrevolezza dell'acconciatura disegnata sugli *Hair* nella 3D view.

La spunta *Children* consente visualizzare in questa modalità anche di pettinare e di poterli acconciare unitamente ai genitori.

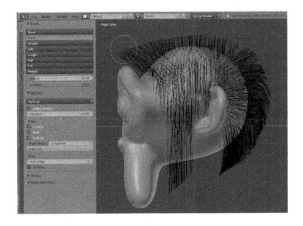

fig. 375 azione di pettinatura utilizzando il *brush Comb*

ADD

Il *brush Add* serve per infoltire di capelli, o meglio di filamenti, le aree in cui si agisce con il cursore circolare.

I parametri contenuti nel pannello **Option** sono i medesimi rispetto ai *brush* già descritti, mentre, nel pannello **Brush**, sono presenti tre opzioni aggiuntive.

fig. 376 opzioni aggiuntive nel pannello *Brush*

La spunta *Interpolate* definisce il posizionamento delle nuove particelle *Air* aggiunte secondo un algoritmo di interpolazione fra quelle esistenti.

Steps definisce la risoluzione in passi del *brush*.

Keys definisce il numero di punti chiave di ogni filamento creato.

LENGTH

Questo *brush* consente di regolare la lunghezza dei filamenti *hair* emessi, trascinandone le estremità con il puntatore circolare del mouse e cliccando con LMB.

I parametri sono i medesimi, con l'aggiunta di uno *switch* a due pulsanti: *Grow* (che consente di allungare i filamenti); *Shrink* di accorciarli.

fig. 377 lo *switch Grow/Shrink*

324

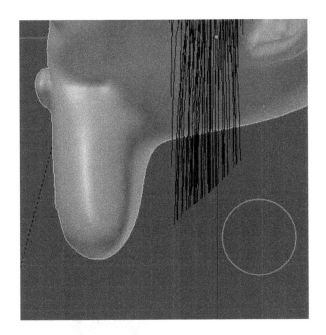

fig. 378 allungamento delle basette di *Suzanne*

Il *brush Puff* aggiunge (Add) o rimuove (Sub) un effetto voluminoso di cotonatura ai filamenti, a seconda della selezione nello *Switch* dedicato nel pannello **Brush**.

La spunta *Puff Volume* applica l'effetto anche sulle punte dei filamenti.

fig. 379 i parametri dedicati a *Puff* nel pannello *Brush*

325

Quest'ultimo *brush* è utile per assegnare un peso ai singoli vertici che compongono i segmenti di ogni filamento.

Questo è assai utile quando ogni filamento o sezione di esso, deve rispondere in modo differenziato alle forze esterne, come ad esempio il vento.

Le sezioni colorate in rosso avranno maggiore peso, mentre quelle viranti verso il blu peso inferiore.

fig. 380 *brush Weight*

4.6.1. la *header* della 3D view in modalità *Particle Edit*

La *header* in modalità *Particle Edit* non è molto differente rispetto alla modalità *Edit Mode*, in quanto sostanzialmente le voci presenti nei menu sono le stesse.

I menu disponibili sono *View* e *Select*, che offrono le stesse opzioni già incontrate in altre modalità, e *Particle*, in cui possono essere selezionate alcune funzionalità specifiche per il sistema particellare.

fig. 381 il menu *Particle* dell'*header* della 3D view in modalità *Particle Edit*

- *Show/Hide* apre un sottomenu in cui è possibile scegliere:

fig. 382 il sottomenu *Show/Hide*

327

- *Show Hidden* (ALT + H) di mostrare le particelle precedentemente nascoste;

- Hide Selected *(H)* di nascondere le particelle *selezionate;*

- *Hide Unselected* (SHIFT + H) di nascondere le particelle non selezionate;

- *Weight Set* (K) consente di definire il peso dei vertici *(key)* della particella selezionati;

- *Rekey* cambia il numero dei vertici *(key)* delle particelle selezionate;

- *Delete* (X) cancella le particelle selezionate;

- *Remove Doubles* rimuove i vertici *(keys)* doppi nelle particelle;

- *Mirror* duplica e specchia le particelle selezionate rispetto all'asse *x;*

- *Undo History, Undo* e *Redo* operano sulle ultime funzioni effettuate, annullandole, annullandone la cronologia, o ripetendo l'ultimo passaggio.

Le tre icone **Particle Selected and Display Mode** consentono di poter operare, visualizzare e selezionare, l'intera particella *(Path)*, i vertici di essa (Point) o l'estremità in punta dei filamenti *(Tip)*, un po' come per le *mesh* in *Edit Mode*, si possono selezionare vertici, spigoli e/o facce.

fig. 383 i pulsanti *Path, Point* e *Tip*

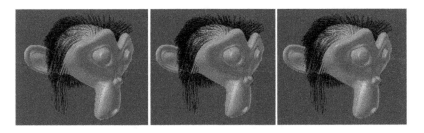

fig. 384 la modalità di visualizzazione e selezione delle particelle 8da sinistra verso destra) in modalità Path, Point e Tip

5
COMPOSITING

5.1. Introduzione

Nel processo di rappresentazione foto realistica di un modello 3D, la fase di *rendering* non è necessariamente quella conclusiva del lavoro.

Spesso il *render* finale necessita di ritocchi e correzioni sul colore, effetti particolari, filtri e evidenziazione di elementi definiti.

Questa ulteriore fase del lavoro è detta **post produzione** o **Compositing**.

Il termine specifica che l'immagine va interpretata come la combinazione, la sovrapposizione di più canali dell'immagine, i quali possono essere eventualmente scomposti (se renderizzati in *layer*, cioè livelli, separati).

Il *Compositing* in Blender è un ambiente di lavoro dagli strumenti potentissimi, al pari di un *software* di fotoritocco. Il vantaggio è che tale processo può essere svolto all'interno di Blender stesso, senza necessariamente fare uso di programmi esterni.

Di *default*, Blender renderizza direttamente in un unico canale, già combinato, detto *Combined*. Si tratta del risultato della sovrapposizione di tutti i canali che compongono l'immagine: il colore diffuso, la specularità, la riflessione, la trasparenza, le ombre, etc.

L'uso dei nodi entra fortemente in gioco nella post produzione di un'immagine renderizzata (o di una sequenza di immagini). Nodi specifici, filtri, strumenti di modifica del colore, distorsioni possono essere composti per ritoccare e modificare l'immagine renderizzata o canali specifici di questa immagine, in modo separato.

Resta inteso che, per poter lavorare su un'immagine prodotta dalla renderizzazione di un modello 3D, è fondamentale che il processo di *rendering* venga completato da Blender, in modo che l'immagine possa essere caricata all'interno dell'ambiente di lavoro di *Compositing*.

La finestra *Node Editor* è pertanto l'ambiente principale del *Compositing*.

Si consiglia quindi di impostare l'interfaccia, utilizzando il *preset Compositing* dal menu *Screen Layout* dell'*header* del *Node Editor*.

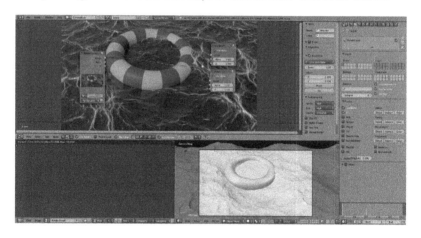

fig. 385 l'interfaccia *Compositing*

5.1.1. L'*header* del *Node Editor* nel *Compositing*

Per poter lavorare in post produzione su un'immagine renderizzata, è necessario che questa sia visualizzata in *preview* nell'area di lavoro.

Al fine di rendere questo possibile, è necessario attivare alcune opzioni nell'*header* del *Node Editor*.

L'*header*, in ambiente *Compositing* non differisce particolarmente rispetto all'ambiente che già conosciamo.

334

fig. 386 l'*header* del *Node Editor* in ambiente *Compositing*

Per prima cosa sarà necessario selezionare la seconda icona del gruppo *Node Tree Type to Display and Edit*, raffigurante due immagini sovrapposte, detta appunto *Compositing*.

A destra dei nodi occorrerà spuntare *Use Nodes* per rendere possibili le operazioni sull'immagine con l'uso dei nodi, *Backdrop* per visualizzare sullo sfondo del *Node Editor* l'immagine renderizzata e *Auto Render* per aggiornare le modifiche di volta in volta.

La spunta *Free Unused* consente invece, se attivata, di liberare la memoria non considerando i nodi non direttamente connessi all'elaborazione dell'immagine.

Le 6 icone colorate, invece, consentono di scegliere i canali filtrati dell'immagine da visualizzare in *background*, ovvero: *Color and Alpha*, *Only Color*, *Only Alpha*, *Red Channel*, *Green Channel* e *Blue Channel*.

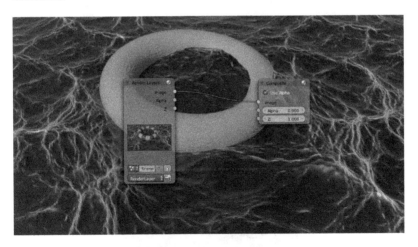

fig. 387 la visualizzazione dell'immagine selezionando *Red Channel*

335

Si noti che all'interno dell'area sono presenti due nodi: *Render Layers* e *Composite*, connessi tra loro.

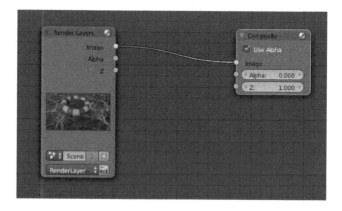

fig. 388 i nodi di *default*

Il primo rappresenta un nodo di tipo *Input* che contiene tutti i *layer* relativi all'immagine, prodotti dal processo di *rendering*. Il secondo è un *layer output* del prodotto finale composito.

Ciò nonostante l'immagine ancora non viene visualizzata nel *Node Editor*.

fig. 389 inserimento del nodo *Viewer*

336

Questo perché ci serve un ulteriore nodo *output* strettamente connesso con la visualizzazione. Tale nodo è denominato semplicemente Viewer e si trova nel gruppo *Output*, nel menu d inserimento nodi.

Inseriamo quindi il nodo *Viewer*, digitando SHIFT + A.

Con l'ausilio di un nodo *Reroute*, deviamo l'uscita smistandola sia sul nodo *Composite* sia sul *Viewer*.

L'immagine comparirà immediatamente sullo sfondo.

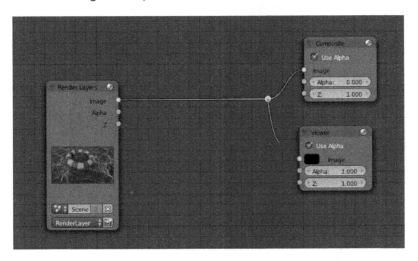

fig. 390 il nodo *Reroute* sdoppia l'uscita ai due nodi *output Composite* e *Viewer*

In sostanza, il nodo *Composite* rappresenta l'uscita per il *render* definitivo, mentre *Viewer* per la *preview*.

È possibile navigare all'interno dell'area del *Node Editor*, in modo analogo alla 3D view, spostando i nodi con il mouse, zoomando con la rotella, o traslando l'intera composizione tenendo premuto MMB.

Per zoomare invece l'immagine di fondo è possibile utilizzare il tasto V (*zoom out*) o la combinazione ALT + V (*zoom in*), oppure selezionando le medesime opzioni nel menu *Select* dell'*header* del *Node Editor*.

Con la combinazione ALT + MMB è possibile invece traslare l'immagine di fondo.

I metodi di selezione tradizionali possono essere utilizzati per la selezione dei nodi.

5.1.2. Sidebar del Node Editor nel Compositing

Mentre la **Tools Shelf** è strutturata nello stesso modo rispetto la *Node Editor* per i materiali, suddiviso, cioè, in diversi *tab* (*Grease Pencil* e i nodi per gruppi), la **Properties Bar** è più specifica per il *Compositing*.

Essa è divisa in pannelli e definisce le proprietà specifiche dei nodi presenti nell'area di lavoro.

Il pannello **Node** dispone di due campi di testo: *Name* definisce il nome del nodo selezionato, mentre *Label* informazioni aggiuntive o note. Per modificare il testo è sufficiente cliccare all'interno del campo di testo.

fig. 391 il pannello *Node* della *Properties Bar*

Il pannello **Color** consente di colorare l'area interna del nodo in modo da fornire un'ulteriore personalizzazione.

338

Dispone del menu a tendina *Preset* in cui possono essere creati o caricati colori predefiniti e di una tavolozza.

fig. 392 il pannello *Color* della *Properties Bar*

Il pannello **Properties** contiene gli stessi parametri personalizzati presenti nel nodo. Questi parametri variano a seconda della tipologia del nodo.

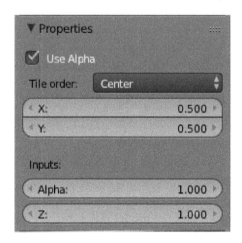

fig. 393 il pannello *Properties* della *Properties Bar* relativo al nodo *Color Mix*

Il pannello **Backdrom** contiene tutte le informazioni relative all'immagine di fondo su cui si sta operando in post produzione.

Il menu *Channel of the Image to Draw* consente di scegliere il canale di visualizzazione dell'immagine. Si tratta di un menu che offre le stesse opzioni già presenti nell'*header*.

Zoom definisce il parametro di scala nella visualizzazione dell'immagine.

Offset trasla in direzione x e y l'immagine a seconda dei valori impostati. *Move* consente invece uno spostamento libero.

Fit adatta l'immagine alle dimensioni massime dello sfondo per una vista completa.

fig. 394 il pannello *Backdrop* della *Properties Bar*

Il pannello **Grease Pencil**, infine, definisce le proprietà del *grease pencil* impostato, in modo del tutto analogo per le altre finestre.

fig. 395 il pannello *Grease Pencil* della *Properties Bar*

340

5.2. Render Layers

Il contesto **Render Layers** permette di renderizzare la scena in livelli separati, di solito con l'intenzione di poter intervenire in maniera distinta nel *Compositing* in un secondo momento.

Questo può essere utile per diversi scopi, come ad esempio la correzione del colore di soli alcuni elementi della scena, la sfocatura degli oggetti in primo piano o in lontananza, la creazione della foschia, il bagliore di finestre in controluce, la riduzione della qualità di *rendering* per gli oggetti lontani o di scarsa importanza.

L'uso di questo sistema è utile anche per risparmiare tempo nel dover renderizzare nuovamente l'intera immagine ogni volta che si effettui una modifica, ri-renderizzando quindi solo il livello (layer) o i livelli di cui si necessiti.

Come vedremo in seguito, è importante chiarire la distinzione tra i *layer* della scena e i *render layer*. I primi raggruppano in livelli gli oggetti nella scena 3D; i secondi raggruppano materiali, oggetti o i livelli della scena in livelli per la post produzione.

Prima di renderizzare la scena su cui si dovrà agire in post produzione, occorrerà quindi definire i *layer* di scena, uno o più *Render Layer* e che cosa dovrà essere raggruppato in ogni singolo *render layer*, attivando o disattivando i filtri (*Passes*) dal *tab Render Layers* della finestra *Properties*.

5.2.1. Il *tab Render Layers* della finestra *Properties*

La gestione completa dei *render Layer* avviene in questo *tab*.

In alto compare uno spazio, detto *render List*, in cui è presente la lista di tutti i *render layer* presenti nella scena, ognuno dei quali può

341

essere considerato o meno (spuntando la casella sulla destra del nome), rinominato (cliccando due volte sul nome stesso), aggiunto o eliminato (cliccando sui pulsanti + e -).

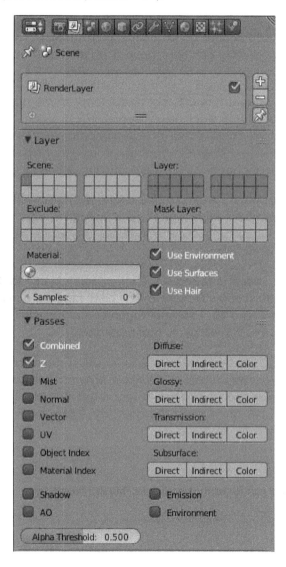

fig. 396 il *tab Render Layers* della finestra *Properties* in Cycles

Nel pannello **Layer**, quando è impostato il motore di *rendering* *Cycles, si* definiscono tutte le impostazioni dei *render layer* attivati e visualizzati nella lista soprastante.

Esso è suddiviso in sezioni.

Nella sezione *Scene* vi sono 20 caselle che corrispondono agli stessi *layer* della scena nella 3D view, in cui sono raggruppati gli oggetti. Di *default* sono attivati tutti quelli in cui è stato inserito almeno un oggetto nella 3D view. Possono essere attivati e disattivati cliccando nella relativa casella con LMB e, tenendo premuto SHIFT, è possibile effettuare attivazioni o disattivazioni multiple.

Nella sezione *Layer*, invece, vi sono 20 caselle che rappresentano i *Render Layer* associati ai precedenti. Gli oggetti presenti in determinati *layer* della scena potranno essere dirottati in uno o più *render layer*. Ad esempio, è possibile visualizzare nel render composito un soltanto le riflessioni di un oggetto presente nella scena in cui siano stati spenti i *Render Layer*, come se fosse un'entità fantasma.

Di *default* tutti i *layer* della scena verranno rappresentati in un unico *Render Layer*.

La sezione *Exclude* esclude i livelli della scena selezionati con le caselle in modo che non abbiano alcuna influenza nel *render* finale.

La sezione *Mask Layer* consente di definire che gli oggetti presenti nei livelli selezionati nelle caselle fungeranno da maschera per tutti gli altri posizionati dietro essi.

Il menu *Material Override* consente di selezionare uno dei materiali della scena che venga ignorato in tutte le impostazioni in quel determinato *render layer*.

Samples consente di regolare i campioni di *rendering* per ogni *render layer* (il valore predefinito 0 utilizzerà i campioni definiti nella scena).

Le tre spunte *Render Environment, Render Surfaces* e *Use Hair* (di *default* già selezionate) impongono la renderizzazione nei *render layer* della *Sky texture* impostata, delle superfici degli oggetti e degli *strand* (filamenti) del sistema particellare *Hair*, se presente.

Nel pannello **Render Passes** si definiscono tutte le interazioni che i diversi parametri di *rendering*, assegnati ai vari *render layer* debbano essere considerati nel *Compositing*.

Questi verranno visualizzati come *socket* in uscita del nodo *Render Layers* nel *Node Editor*.

Tutto ciò che verrà visualizzato in una immagine renderizzata viene calcolato in modo che tutte le interazioni tra gli oggetti nella scena (l'illuminazione, le camere, le immagini di sfondo, le impostazioni del *World*, etc.), siano considerati separatamente in diversi passaggi.

In questo modo potremo gestire con accuratezza dove e come verranno proiettate le ombre, come agisce l'occlusione ambientale, in che modo luce verrà riflessa dalle superfici, come viene rifratta la luce attraverso oggetti trasparenti e a quale profondità, quali oggetti appariranno a fuoco e quali no, quali oggetti sono in movimento e come devono essere visualizzati (fuori fuoco o tracciando una scia, ad esempio), quanto lontano dalla fotocamera sono le superfici degli oggetti (profondità Z), quali parametri che compongono lo *shader* degli oggetti debbano essere visualizzati, come devono comportarsi le ombre in presenza di rilievi sulle superfici (*Bump* o *Displacement*) e quant'altro.

In pratica, ogni *Render Pass* genera un canale differente dell'immagine.

Tutti i *Render Passes* attivati nel pannello, aggiungeranno un *socket output* corrispondente nel modo *Render Layer*. Tutte le immagini generate dai *Passes* potranno essere processate separatamente e poi ricomposte insieme per un nuovo *rendering* definitivo.

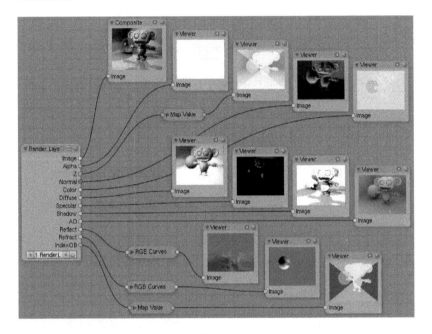

fig. 397 alcuni *Render Passes* selezionati attivano i *socket output* del nodo *Render Layers*, i quali generano immagini differenti

Ogni *Passe* può essere visualizzato separatamente grazie a un nodo *Viewer* che, se selezionato, mostrerà in *background* il risultato, e potrà essere salvato in un *file*.

Alcuni *Render Passes* non producono immagini, ma dati, come ad esempio *Z* e, per essere visualizzato deve essere salvato in un *file* separato e convertito in immagine grazie all'uso di convertitori e appositi programmi.

Nel pannello *Render Passes* del *tab Render Layer*, possono essere attivati i seguenti *passes*:

- *Combined*: la combinazione di tutti i *passes* (in definitiva il risultato finale);

- *Z*: la distanza dell'oggetto dalla camera;

- *Mist*: il filtro che genera la nebbia e la foschia;

- *Normal*: i valori relativi alle normali;

- *Vector*: i valori relativi ai vettori;

- *UV: il filtro relativo alle mappature UV;*

- *Object Index*: l'indice assegnato agli oggetti della scena;

- *Material Index*: l'indice assegnato ai materiali degli oggetti;

- *Shadow*: il filtro delle sole ombre;

- *AO*: il filtro relativo alla sola occlusione ambientale;

- *Emission*: il filtro relativo alle emissioni luminose;

- *Environment*: il filtro relativo all'illuminazione dell'*environment*, se presente;

Inoltre è possibile ottenere delle uscite separate per 4 *shader*: *Diffuse, Glossy, Transmission* e *Subsurface*) secondo l'emissione diretta (*Direct*), indiretta (*Indirect*) e il colore specifico (*Color*).

Il filtro *Alpha* è presente di *default*. Il cursore *Alpha Threshold* consente di definire la soglia di l'influenza che le superfici avranno nei *passes Z, Index, UV, Normal* e *vector*. Di *default* questo valore è impostato a 0.5.

Benché ormai sempre meno utilizzato, *Blender Render* rappresenta ancora uno strumento valido per molti utenti.

Per questo motivo è d'obbligo una trattazione delle opzioni adattate per questo motore del *tab Render Layers*.

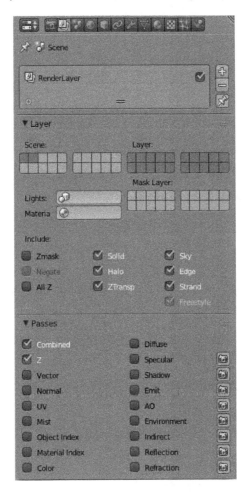

fig. 398 il *tab Render Layers* della finestra *Properties* in *Blender Render*

347

I due pannelli (*Layer* e *Passes*) sono molti simili rispetto alla modalità di *rendering Cycles*.

Nel pannello **Layer** sono presenti le 20 caselle dei *layer* di scena, dei *render layer* e delle *Mask Layer*. È disponibile il menu *Material Override* e dispone anche di un menu *Lights* che consente di ignorare le luci selezionate dal *Render Layer* di riferimento.

Il controllo separato di tutte le caratteristiche della scena può essere gestito con le spunte disponibili nella sezione *Include*:

- *Zmask* renderizza solo ciò che è davanti ai solidi associati alla maschera;

- *Negate* renderizza solo ciò che è dietro ai suddetti solidi;

- *All Z* attiva tutti i valori Z relativi agli oggetti in vista, non solo quelli renderizzati;

- *Solid* renderizza tutte le facce dei solidi;

- *Halo* renderizza i materiali *Halo*;

- *ZTransp* renderizza le aree trasparenti con il valore Z di ciò che è alle spalle dell'immagine, se la trasparenza è di tipo *Z-Based*. Le trasparenze possono essere di tipo *Z-Based* o *raytracing*;

- *Sky* renderizza il cielo, così come definito nelle impostazioni *World*. In caso contrario, viene renderizzato uno sfondo *alpha* nero trasparente.

- *Edge*, se abilitati nel *tab Output*, vengono renderizzati anche i bordi, i contorni degli oggetti;

- *Strand*, renderizza i filamenti del sistema particellare *Hair*;

- *Freestyle* renderizza la modalità *Freestyle*.

Nel pannello **Passes** vengono definiti i filtri della renderizzazione dell'immagine, ognuno dei quali è definito da una spunta. Sono disponibili:

- *Combined*: la combinazione di tutti i *passes* (in definitiva il risultato finale);

- *Z*: la distanza dell'oggetto dalla camera;

- *Vector*: i valori relativi ai vettori;

- *Normal*: i valori relativi alle normali;

- *UV*: *il filtro relativo alle mappature UV;*

- *Mist*: il filtro che genera la nebbia e la foschia;

- *Object Index*: l'indice assegnato agli oggetti della scena;

- *Material Index*: l'indice assegnato ai materiali degli oggetti;

- *Color*: il colore base non affetto da altri *shader;*

- *Diffuse*: il colore diffuso;

- *Specular*: la specularità;

- *Emit*: il filtro relativo alle emissioni luminose;

- *Shadow*: il filtro delle sole ombre;

- *AO*: il filtro relativo alla sola occlusione ambientale;

- *Environment*: il filtro relativo all'illuminazione dell'*environment,* se presente;

- *Indirect* l'illuminazione indiretta;

- *Reflection*: le sole riflessioni (il corrispondente del *Glossy*);

- *Refraction*: le sole rifrazioni.

ESERCIZIO n. 31: FOSCHIA

La funzione *Mist* è utile e accattivante.

Creare nebbia o foschia in una scena, rende quest'ultima molto veritiera e credibile, soprattutto in *Cycles*.

Apriamo una nuova scena, composta da alcuni oggetti, nello specifico alcune *Monkey* posizionate su un terreno ondulato. Dovreste essere ormai in grado di realizzare velocemente questa composizione. Potete realizzare il terreno con il *Proportional Editing* e il *Falloff* impostato su *Random* e far cadere le *Monkey* con la fisica *Rigid Body*, oppure posizionarle manualmente.

Posizioniamo la camera mettendo a fuoco una delle *Monkey* per creare una maggiore profondità.

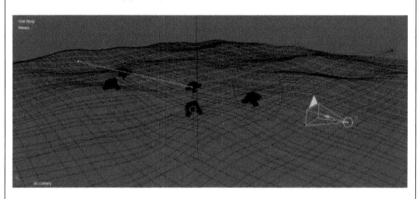

fig. 399 la scena di riferimento

Nel *tab Render Layer*, nel pannello *Passes*, spuntiamo *Mist*, in modo da attivare un filtro specifico per l'effetto di foschia che dovrà essere aggiunto alla scena finale.

Quindi, selezioniamo la camera e nel *tab Data* ad essa relativo, nel pannello *Display*, spuntiamo la voce *Mist*.

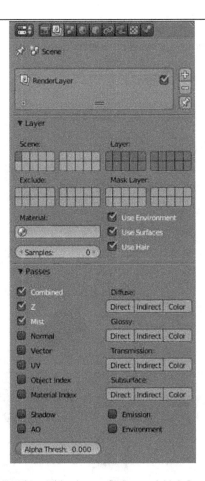

fig. 400 attivazione dell'opzione *Mist* nel pannello *Passes* del *tab Render Layer*

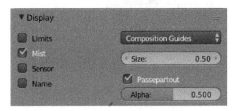

fig. 401 attivazione dell'opzione *Mist* nel pannello *Display* del *tab Data* relativo alla camera

351

A questo punto andiamo nel tab World. Noteremo che sarà comparsa un nuovo pannello denominato *Mist Pass*. in cui sarà possibile regolare i parametri *Start* (inizio dell'effetto foschia) e *Depth* (la profondità). Nella 3D view,

fig. 402 il pannello *Mist pass* nel *tab World*

Lanciamo il *rendering* che, tuttavia non sarà ancora soddisfacente, perché, nel *Compositing*, non abbiamo ancora definito il comportamento del filtro *Mist*, già attivo nel nodo *render Layer*, rispetto all'immagine.

Entriamo nel *Node Editor* e impostiamo la configurazione per il *Compositing*, spuntando le opzioni già evidenziate nel paragrafo 5.1.1.

Aggiungiamo il nodo *Viewer* per ottenere una *preview* del risultato in tempo reale e aggiungiamo la configurazione di nodi come in figura.

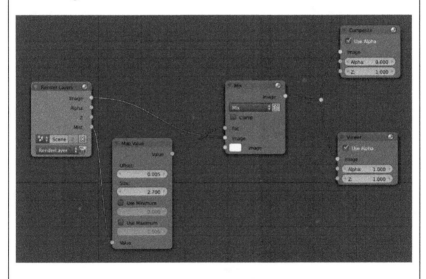

fig. 403 configurazione dei nodi per riprodurre la nebbia in post produzione

Per ora non curiamoci del significato dei nodi, che vedremo nel dettaglio nel prossimo paragrafo.

Basti comprendere che il canale *Mist* sarà convertito in scala di valori numerici, utilizzati come fattore di bilanciamento (*Fac*) fra l'immagine originale e il colore bianco (o un qualsiasi altro colore si intenda utilizzare per l'effetto).

353

L'immagine modificata sarà visualizzata sullo sfondo del *Node Editor* in tempo reale.

Quando l'immagine e l'effetto ottenuto sarà di nostro gradimento, sarà possibile lanciare nuovamente il *rendering* con F3 e salvarlo come nuova immagine.

fig. 404 il *rendering* finale della scena elaborata in *Compositing*

5.3. i nodi del Compositing

Così come per i materiali, il metodo dei nodi rende pressoché infinite le combinazioni nell'intervento di processamento dell'immagine in ambiente *Compositing*.

Alcuni dei nodi presenti in modalità *Material* sono, per ovvie ragioni, riproposti in questo ambiente, mentre altri, di specifici, sono stati aggiunti alla lunga lista.

I parametri relativi ai nodi già presi i esame in precedenza, nel volume 2, non verranno rianalizzati. Ci limiteremo a specificare il funzionamento generico del nodo.

Il metodo di inserimento dei nodi è già noto.

I nodi sono raggruppati in gruppi, secondo la loro funzionalità.

Sono disponibili i seguenti gruppi: *Input, Output, Color, Converter, Filter, Vector, Matte, Distort, Group* e *Layout.*

fig. 405 i raggruppamenti dei nodi

355

Ogni nodo che restituisca un effetto, una sorgente o un *output* dispone di una piccola icona in alto a destra, raffigurante un materiale circolare, che serve per visualizzare all'interno del nodo stesso la *preview* del risultato del processamento dell'immagine in quel preciso punto della concatenazione dei nodi.

Il triangolino in alto a sinistra invece serve a comprimere o a espandere un nodo.

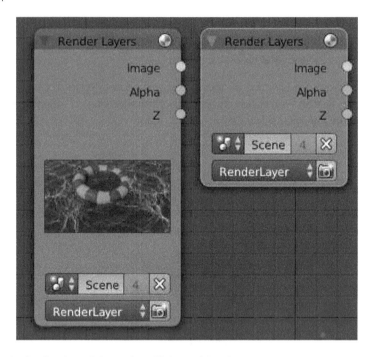

fig. 406 visualizzazione della *preview* all'interno del nodo

5.3.1. Nodi *Input*

In questo primo gruppo che prenderemo in esame sono contenuti tutti quei nodi che forniscono informazioni iniziali.

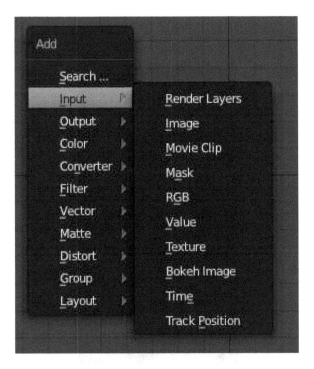

fig. 407 nodi del gruppo *Input*

RENDER LAYERS

Questo nodo fornisce le informazioni generali riguardanti la scena renderizzata.

Dispone di soli *socket* in uscita, che si attivano a seconda dei *Passes* impostati nel pannello omonimo.

Questo nodo combina i diversi *layer* di cui la scena è composta.

Al suo interno è presente inoltre una tendina in cui selezionare la scena renderizzata e un menu in cui impostare il *Render Layer* su

357

cui operare. Nel caso di *rendering* composito sarà disponibile un solo *render layer*.

fig. 408 il nodo *Render Layers*

IMAGE

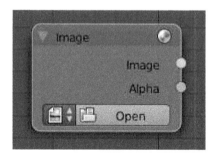

fig. 409 il nodo *Image*

358

Grazie a questo nodo è possibile caricare all'interno del *Compositing* un'immagine esterna, da disco, cliccando sul pulsante *Open* e scegliendola dal *Browser*. Questa immagine potrà essere processata e inserita e miscelata all'interno dell'immagine renderizzata, ad esempio come sfondo di un *rendering* con *background* trasparente.

Da questo nodo è possibile ricevere le informazioni di trasparenza e di colore dell'immagine caricata.

MOVIE CLIP

fig. 410 il nodo *Movie Clip*

Con questo nodo è possibile inserire all'interno del *Compositing* un filmato caricato dal *Browser* cliccando su *Open*.

Dal filmato si possono estrapolare informazioni relative ai fotogrammi (*Image*), al canale trasparente (*Alpha*), agli *Offset* in *X* e *Y*, alla scalatura (*Scale*) e all'angolazione (*Angle*).

359

MASK

fig. 411 il nodo *Mask*

Il nodo *Mask* inserisce una casella nella composizione libera di poter essere posizionata e ruotata nel modo in cui si desidera. Essa mostra la posizione sul fondale. Per poter visualizzare la maschera, Il nodo deve essere collegato ad altri nodi.

RGB

fig. 412 il nodo *RGB*

360

Questo nodo inserisce un colore definito da una tavolozza e dispone di una sola uscita *RGBA*.

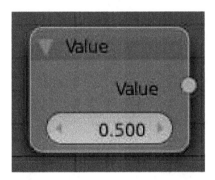

fig. 413 il nodo *Value*

Questo semplice nodo inserisce un valore numerico.

TEXTURE

Questo nodo inserisce una *texture*, scelta tra quelle presenti nel progetto o caricata fra le *texture* procedurali, nel *Compositing*, in modo analogo all'inserimento di un'immagine.

Utilizzando configurazioni complesse di nodi o lo stesso nodo *Value*, a monte del nodo *Texture* è possibile regolare l'*offset*, cioè la traslazione e la scalatura (*Scale*) della *texture*, mentre, in uscita, sono disponibili i *socket* Value (che genera dei valori dall'immagine) e *Color*.

fig. 414 il nodo *Texture*

BOKEH IMAGE

Con il nodo *Bokeh Image* è possibile generare un'immagine di riferimento per ottenere sfocature. Sono disponibili le seguenti opzioni relative alla forma della maschera: *Flaps* (numero di lembi), *Angle* (angolo dei lembi), *Rounding* (arrotondamento), *Lens Catadioprtic* (lente catadiottrica), *Lens Shift* (spostamento della lente).

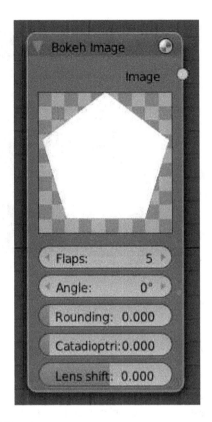

fig. 415 il nodo *Bokeh Image*

TIME

Il nodo *Time* fornisce valori numerici (tra 0 e 1) durante un'animazione, che definiscono il tempo e che dipendono dall'andamento di una curva. I fotogrammi di partenza sono definiti nei contatori *Start* e *End*, alla base del nodo. E' un nodo utile per produrre, tra le altre cose, dissolvenze incrociate tra animazioni distinte.

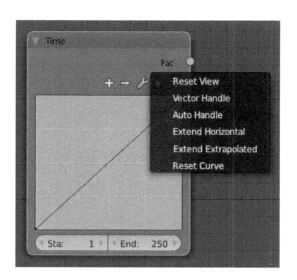

fig. 416 il nodo *Time*

TRACK POSITION

Caricando un video o una sequenza di immagini (pulsante *Open*), è possibile determinare le coordinate x e y del marker nel fotogramma. Questo nodo è utile per il *Camera tracking* di cui tratteremo nel prossimo volume.

fig. 417 il nodo *Track position*

5.3.2. Nodi *Output*

Questo gruppo di nodi raccoglie le informazioni di una combinazione di nodi. Ve ne sono disponibili 5: *Composite, Viewer, Split Viewer, File Output* e *Levels*.

fig. 418 i nodi *Output*

COMPOSITE

Questo nodo fondamentale rappresenta il risultato finale della post produzione, quindi i dati definitivi per lanciare il nuovo *rendering*.

Le informazioni che entrano in questo nodo possono riguardare l'immagine finale da ottenere (da inserire nel *socket* in ingresso *Image*) il canale di trasparenza (*Alpha*) e le informazioni sulla distanza degli oggetti presenti nella scena dalla camera (Z), i cui valori possono anche essere definiti manualmente.

La spunta su *Use Alpha* consente, se presente nella scena, di renderizzare il canale trasparente dell'immagine prodotta.

fig. 419 il nodo *Composite*

VIEWER

fig. 420 il nodo *Viewer*

366

Questo nodo è sostanzialmente identico al precedente. L'unica differenza sta nel fatto che serve per pre visualizzare nel *Node Editor* il risultato del processo di post produzione.

Normalmente questo nodo viene utilizzato in contemporanea con il nodo *Composite* o in sostituzione di esso, fina la termine del lavoro.

SPLIT VIEWER

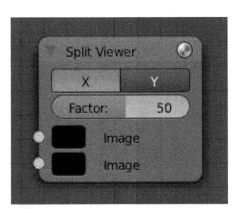

fig. 421 il nodo *Split Viewer*

Del tutto simile a *Viewer*, si differenzia da quest'ultimo solo per il fatto che, disponendo di un doppio *socket* in ingresso *Image*, consente di mixare due canali separati che producono altrettante immagini, o percorsi differenti del *Compositing* (al fine, ad esempio di visualizzare le differenze in contemporanea).

La finestrella *preview*, infatti è suddivisa in due parti, che possono essere visualizzate orizzontalmente se si attiva il pulsante *X*, o verticalmente se si attiva , o verticalmente se si attiva *Y*.

Factor esprime una percentuale che definisce quanto il *preview* relativo al primo canale debba avere spazio rispetto al secondo.

Nell'esempio sottostante, è stato definito un doppio percorso (per quanto semplice) per il *Compositing* della scena, uno a colori e uno in bianco e nero.

Nello *Split Viewer* le due immagini vengono affiancate (secondo quanto definito da *Fac*) e visualizzate in contemporanea per il confronto.

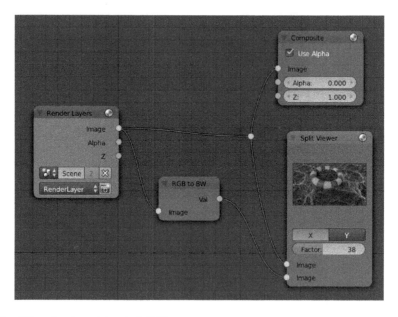

fig. 422 applicazione del nodo *Split Viewer*

FILE OUTPUT

Questo nodo permette di salvare in un *file* immagine o sequenza di immagini (nel *range* specificato dai fotogrammi *Start* e

End) le informazioni in arrivo sui canali *Z*, scegliendo il formato più adatto.

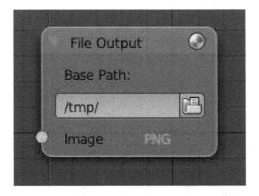

fig. 423 il nodo *File Output*

LEVELS

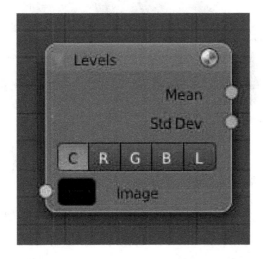

fig. 424 il nodo *Levels*

Questo nodo consente di visualizzare, secondo il canale scelto tra i pulsanti disponibili, l'istogramma relativo a quel canale di una immagine connessa al nodo.

I canali disponibili sono: C (composito), R (rosso), G (verde), B (blu) e L (luminanza).

I *socket* in uscita *Mean* e *Std Dev* restituiscono il valore medio e lo scarto quadratico medio dell'istogramma calcolato in quel canale.

Nell'esempio successivo è mostrato come il nodo *Levels* può essere trattato in una configurazione di nodi di *Compositing*.

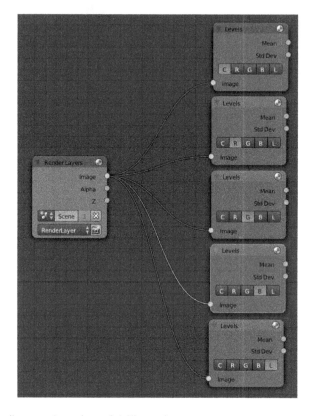

fig. 425 uscite separate per i canali dell'immagine

5.3.3. i nodi *Color*

Questo gruppo di nodi fa parte di un insieme di filtri specifici per la correzione del colore.

In modo simile a quanto avviene nei programmi principali di fotoritocco, vengono frapposti fra l'immagine originale e il *rendering*. Ne sono disponibili 12.

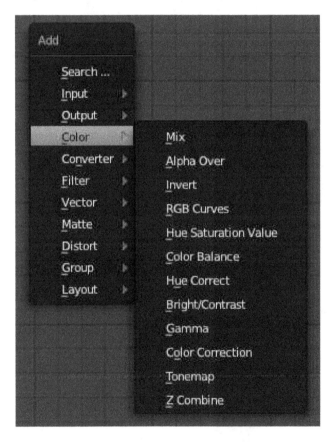

fig. 426 i nodi del gruppo *Color*

fig. 427 il nodo *Mix*

Questo nodo funziona in modo del tutto analogo al nodo *Mix RGB* in modalità *Material*. Serve a miscelate secondo un determinato fattore *Fac* (anche gestito esternamente) due colori, due immagini o due *Render Layer*.

ALPHA OVER

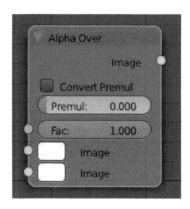

fig. 428 il nodo *Alpha Over*

In questo nodo, connettendo al secondo *socket* l'immagine renderizzata, dotata di sfondo trasparente, consente di applicare un'immagine di sfondo al *render*, inserendola nel *socket* superiore, gestendo la miscelazione con il parametro *Fac*.

L'opzione *Premultiply* deve essere attivata in caso di forti bagliori presenti nell'immagine.

INVERT

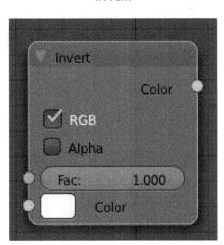

fig. 429 il nodo *Invert*

Il nodo *Invert*, frapposto fra un'immagine o il *Render Layer* e un canale in uscita (*output*) inverte i colori RGB o il canale *Alpha* con i colori opposti, fornendo, di fatto, l'immagine al negativo.

Il parametro *Fac*, definito come valore o come configurazione esterna di nodi, definisce il bilanciamento fra l'immagine originale e l'immagine modificata.

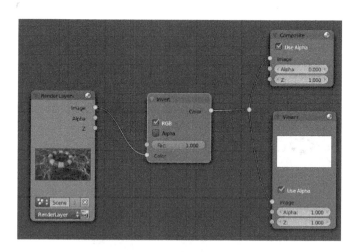

fig. 430 utilizzo del nodo *Invert*

RGB CURVES

fig. 431 il nodo *RGB Curves*

Così come per il nodo corrispondente in ambiente *Material*, questo nodo consente di modificare i colori di una sorgente inserita nel *socket* in ingresso *Color* secondo una curva. È possibile lavorare sulla curva nel canale composito © o specificamente per i canali RGB.

COLOR BALANCE

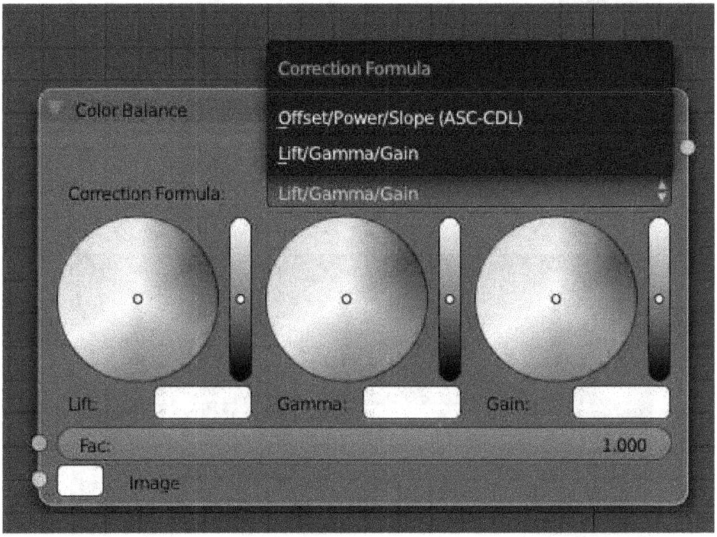

fig. 432 il nodo *Color Balance*

Questo nodo permette di correggere la colorazione di un'immagine scegliendo uno dei due modelli *Offset/Power/Slope (ASC-CDL)* o Lift/Gamma/Gain.

Questi parametri agiscono separatamente sui tre fattori specifici del metodo scelto, modificando il valore nelle tre tavolozze.

Il parametro *Fac* bilancia il segnale originale e quello modificato.

fig. 433 modifica dell'immagine utilizzando il nodo *Color Balance*

HUE CORRECT

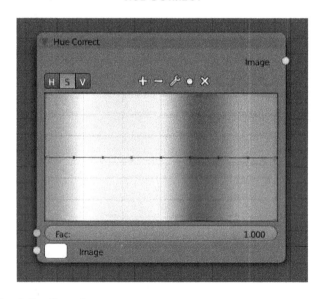

fig. 434 il nodo *Hue Correct*

Questo nodo agisce sulla sorgente agendo graficamente trascinando con LMB i punti di controllo nella tavolozza sui valori HSV (*Hue* = Hue, tonalità, *S* = *Saturation*, saturazione; *V* = *Value*, intensità) che combinano il colore.

Il parametro *Fac* bilancia il segnale originale e quello modificato.

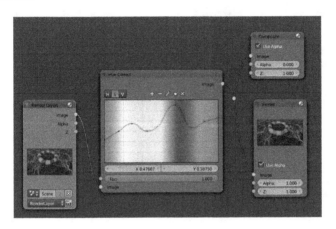

fig. 435 modifica dell'immagine utilizzando il nodo *Hue Balance*

BRIGHT/CONTRAST

fig. 436 il nodo *Bright/Contrast*

Questo nodo è del tutto identico nel funzionamento agli strumenti dei programmi di fotoritocco e gestisce la luminosità (*Bright*) e il contrasto (*Contrast*) dell'immagine con soli due parametri che possono essere definiti manualmente o a mezzo di configurazioni esterne di altri nodi.

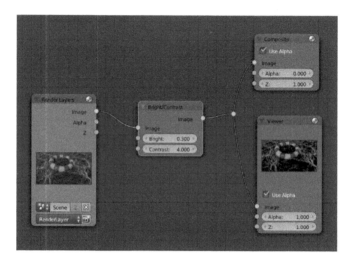

fig. 437 modifica dell'immagine utilizzando il nodo *Bright/Contrast*

GAMMA

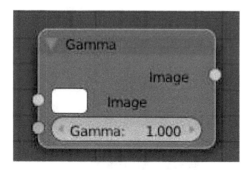

fig. 438 il nodo *Gamma*

378

Questo filtro modifica il valore della *Gamma Correction* delle immagini, attraverso l'inserimento del valore del solo parametro *Gamma* (al quale può essere associata anche una configurazione di nodi esterni).

COLOR CORRECTION

fig. 439 il nodo *Color Correction*

Questo nodo agisce in modo molto dettagliato sul colore attraverso una matrice di valori.

Per ognuno dei parametri *Saturation, Contrast, Gamma, Gain* e *Lift*, può essere impostato un valore generale (*Master*), sui toni alti (*Highlight*), sui mezzi toni (*Midtones*) e sulle ombre (*Shadows*).

Il *range* di definizione dei mezzi toni può essere definito nei parametri *Midtones Start* e *Midtones End*.

È inoltre possibile associare all'immagine una maschera esterna (Mask) regolandone l'influenza nel cursore (tra 0 e 1) Mask e su quali canali occorrerà intervenire, spuntando una o più opzioni fra R, G e B.

TONEMAP

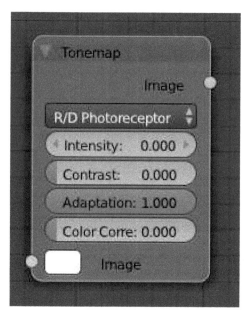

fig. 440 il nodo *Color Tonemap*

Questo nodo serve, sostanzialmente, a diminuire il *range* dinamico di un'immagine, secondo una delle due metodologie *R/D Photoreceptor* o *Simple Rh*.

Ad esempio è possibile utilizzare questo nodo anche per convertire le immagini a 32 bit del canale *Z* (non visibili) in immagini a 24 bit, regolando i parametri *Intensy*, *Contrast*, *Adaptation* e *Color Correction*.

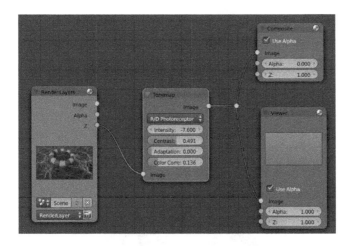

fig. 441 utilizzo del nodo *Tonemap* per visualizzare il canale Z, invisibile perché a 32 bit

Z COMBINE

fig. 442 il nodo *Z Combine*

381

Questo nodo serve per combinare insieme due canali *Z* provenienti da altrettante immagini.

La percentuale di miscelazione è definita dai due valori *Z* (da 0 a 1).

È possibile attivare il canale *alpha* e l'*antialiasing* su *Z*, spuntando le relative caselle.

5.3.4. Nodi *Converter*

fig. 443 i nodi del gruppo *Converter*

I nodi facenti parte il gruppo *Converter* sono di tipo matematico e servono per gestire o trasformare i dati in valori numerici.

Si tratta degli stessi nodi (*Math, ColorRamp, Set Alpha, Alpha Convert, ID Mask, RGB to BW, Separate RGBA, Combine RGBA, Sperate HSVA, Combine HSVA, Separate YUVA, Combine YUVA, Separate YCbCrA, Combine YCbCrA, View Switch*) già analizzati in modalità *Material* e pertanto non verranno ritrattati, rimandando la spiegazione al capitolo *Cycles* del secondo volume.

5.3.4. Nodi *Filter*

fig. 444 i nodi del gruppo *Filter*

Questo secondo gruppi di filtri gestisce effetti tipici dei *software* di fotoritocco.

Sono disponibili 13 filtri che andremo ad analizzare uno per uno.

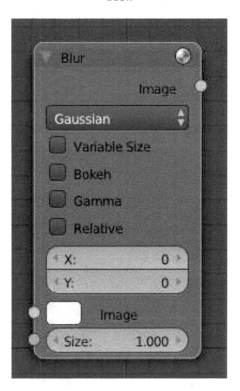

fig. 445 il nodo *Blur*

Il *Blur* aggiunge una sfocatura all'immagine, a parte di essa o ad un canale specifico.

È molto utile per forzare profondità di campo o la sfocatura degli oggetti in movimento.

All'interno del nodo è possibile scegliere l'algoritmo di calcolo e alcune opzioni, definite da 4 spunte: *Variable Size*, *Bokeh* (che aggiunge una maschera circolare di sfocatura), *Gamma* e *relative* 8che attiva due parametri, *X* e *Y* che definiscono separatamente la direzione della sfocatura.

Nell'esempio, si è ottenuto un effetto di *dolly* in movimento orizzontale con tempi di scatto lunghi.

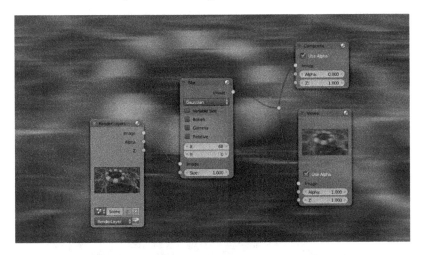

fig. 446 il nodo *Blur* restituisce una sfocatura all'immagine. Nell'esempio, sfocando solo la x, si ottiene un effetto di rapido movimento orizzontale

BILATERAL BLUR

Questo nodo applica l'effetto di sfocatura al centro delle figure, tralasciando i bordi e ottenendo un dettaglio migliore in caso di errori di *sampling* del processo di *rendering*. Questo consente di ammorbidire le figure dotate di rumore, senza perdere dettaglio nei contorni.

Il parametro *Iterations* determina il numero di passaggi applicati alla sfumatura. Maggiore sarà il numero e migliore sarà l'effetto ottenuto, a discapito della velocità di calcolo. In pratica definisce il raggio di sfocatura.

Color Sigma serve a stabilire la soglia oltre la quale la differenza di valore tra due pixel adiacenti debba essere considerata come spigolo o meno.

Space Sigma consente un controllo più accurato del parametro *Iterations*.

Image è l'immagine in ingresso che verrà elaborata dal nodo.□*Determinator* è un valore in ingresso non obbligatorio che consente di utilizzare un'immagine come riferimento per la determinazione dei bordi.

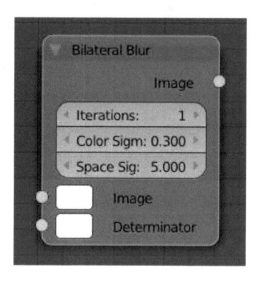

fig. 447 il nodo *Bilateral Blur*

DILATE/ERODE

Serve a modificare la maschera (il canale *alpha*) di un'immagine, ad esempio per rifinire meglio i contorni di un oggetto che deve essere separato dallo sfondo o per aggiungere aloni in combinazione con altri nodi.

386

In ingresso, al canale *Mask* può essere collegata un'immagine che definisce la maschera da applicare oppure, nel caso si voglia utilizzare il nodo come semplice livello di trasparenza applicato in maniera uniforme, si può immettere direttamente un valore numerico.

Il menu *Mode* consente di selezionare un algoritmo di calcolo tra i seguenti: *Step, Feather, Distance, Threshold*. La differenza tra questi si traduce in una differente morbidezza/durezza dei bordi e delle relative sfumature.

Il valore *Distance*, infine, consente di impostare la quantità di effetto desiderato. Valori positivi produrranno allargamenti della maschera; valori negativi produrranno restringimenti.

fig. 448 il nodo *Dilate/Erode*

Nell'esempio di seguito il nodo è stato regolato per ottenere un effetto *texturizzato*, a macchie.

387

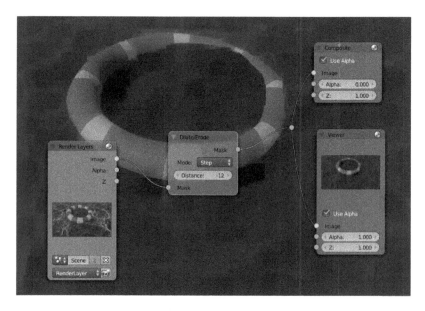

fig. 449 l'effetto prodotto dal nodo *Dilate/Erode*

DESPEKLE

Questo nodo viene utilizzato per la riduzione del rumore, tentando di eliminare i fastidiosi *fireflies*. Un'applicazione che può essere portata ad esempio è quella dell'uso di un basso numero di *samples* nella realizzazione di un video composto da molti fotogrammi: in questo caso il rumore può essere ridotto con il nodo *Despeckle* consentendo tempi di *rendering* decisamente inferiori.

Il coefficiente *Threshold* indica il valore di soglia, comparando i pixel tra loro, oltre la quale, il pixel luminoso viene considerato "rumore".

Il coefficiente *Neighbor* indica invece il raggio entro cui i pixel devono essere analizzati rispetto a quello di riferimento.

388

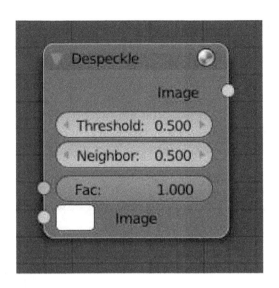

fig. 450 il nodo *Despekle*

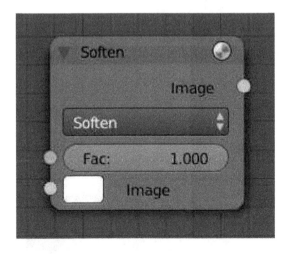

fig. 451 il nodo *Despekle*

389

Si tratta di un filtro che consente di applicare diversi algoritmi di trasformazione dell'immagine. In pratica è un filtro che contiene altri filtri, definiti dal menu *Filter*.

- *Soften* serve per ammorbidire i dettagli riducendo la ◻nitidezza dell'immagine in ingresso;

◻◻*Sharpen* serve per aumentare la nitidezza ◻dell'immagine. Se usato con valori eccessivi possono ◻rendersi evidenti diversi artefatti;

◻◻*Laplace* rende trasparente l'immagine cercando di ◻fare eccezione per i bordi degli oggetti, ovvero dove ci sono forti contrasti. Può essere utilizzato, ad esempio, in abbinamento con il filtro *Kirsh, Prewitt* o *Sobel* per creare una filigrana;

◻◻*Sobel*, come *Kirsh*, serve ad individuare i bordi degli oggetti presenti nell'immagine;

◻◻*Prewitt* molto simile a *Sobel*;

◻◻*Kirsh* è un filtro che evidenzia i bordi presenti all'interno dell'immagine conferendo alla stessa un effetto non realistico;

◻◻*Shadow* aumenta il contrasto tra luci ed ombre scurendo quest'ultime, applicando così all'immagine una sorta di spessore.

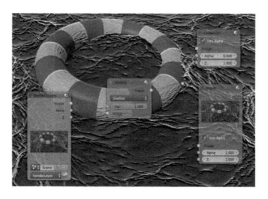

fig. 452 il nodo *Filter* impostato su *Shadow*

390

BOKEH BLUR

Bokeh Blur è un nodo introdotto con la versione 2.64 di Blender che applica un filtro blur (sfocatura) particolarmente accurato e adatto a lavorare assieme al nodo Bokeh Image per la gestione della profondità di campo.

Consente di gestire l'ingresso di due nodi immagine.

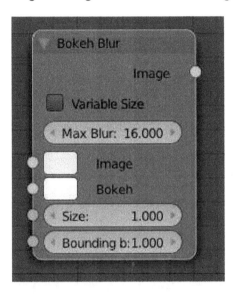

fig. 453 il nodo Bokeh Blur

VECTOR BLUR

Il nodo Vector Blur assegna una sfocatura agli oggetti in movimento in una scena, sfruttando il pass (che va attivato necessariamente) Speed.

Samples serve ad impostare la qualità della sfocatura. Più alto il valore e più è alta la qualità.

Blur indica la quantità di sfocatura applicata.

391

Speed Min e *Max* consentono di limitare l'applicazione del filtro ad oggetti che si muovono entro un determinato limite di velocità.

Curved consente di applicare un'interpolazione tra i calcoli di sfumatura, utilizzando una curva.

Z è utilizzato come parametro in ingresso che indica la distanza di un determinato elemento dalla telecamera.

Infine il menu *Speed* è un dato in ingresso di tipo vettoriale che fornisce al nodo la direzione e la velocità di movimento degli oggetti presenti nella scena.

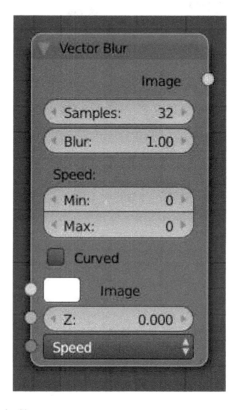

fig. 454 il nodo *Vector Blur*

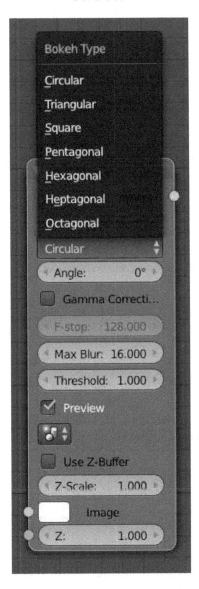

fig. 455 il nodo *Defocus*

Il filtro *Defocus* è assai utile per forzare la profondità di campo, sfocando zone precise dell'immagine.

Questo nodo è in grado di gestire, il punto focale (*Distance*) della camera nel *tab Data* della finestra *Properties*.

Il menu *Bokeh Type* imposta il comportamento e la forma dell'otturatore virtuale della camera.

La spunta *Preview* mostra l'effetto in *preview*.

La spunta *Gamma Correction* attiverà la correzione prima e dopo l'applicazione del *Defocus*.

fStop determina l'apertura della lente e, di conseguenza, la profondità di campo. A valori elevati, gli oggetti saranno visualizzati più a fuoco.

Max Blur e *Threshold* determinano la quantità e la soglia di sfocatura da applicare.

La spunta *Use Z-Buffer* va disabilitata se viene utilizzata un'immagine come *input* in quanto già dotata di valori *Z*.

Z Scale definisce la scalatura del parametro *Z* (distanza degli oggetti dalla camera), permettendo di aumentare o diminuire l'effetto.

I *socket* in ingresso *Image* e *Z* devono essere connessi ad un'immagine e/o ai suoi valori *Z*.

GLARE

Questo nodo interessante serve per generare dei bagliori, la cui tipologia è definita dal menu *Glare Type*.

Sono disponibili *Simple Star*, *Fog Glow*, *Streaks* e *Ghost*, dei quali i seguenti 3 parametri sono in comune:

fig. 455 il nodo *Glare*

- *Mix*, che determina il bilanciamento fra il segnale originale e l'effetto (-1 = segnale originale; 1 = bagliore massimo);

- *Threshold*, che definisce la soglia di intervento del filtro;

- *Quality* è un menu a tendina che definisce la qualità dell'effetto (*Low*, *Medium* e *High*).

395

Il parametro *Iterations*, invece, è un contatore del numero di volte viene applicato l'effetto e vale per tutti i *Glow Type* tranne che per *Fog Glow*.

Color Modulation 8comune solo a *Straks* e a *Ghost*) definisce la colorazione del bagliore che, per valori bassi, tenderà al bianco e , per valori elevati, tenderà al colore dei *pixel*.

Il parametro *Streaks* (associato solo all'omonimo tipo di *Glare*)indica il numero di *punte* applicate ad ogni *pixel*;

Angle Offset (solo per Streaks) permette di ruotare l'effetto generato da *Streaks* attorno ai *pixel* illuminati.

Fade (anch'esso specifico solo per *Streaks*) definisce a che distanza dal *pixel* illuminato, il bagliore si smorzerà fino a 0. Il parametro è definito tra 0.750 e 1.

Rotate 45 ruota l'effetto applicato con *Simple Star* di 45°.

Size è un cursore definito da valori tra 6 e 9, che definisce il numero di *pixel* utilizzati contemporaneamente per generare l'effetto *Fog Glow*.

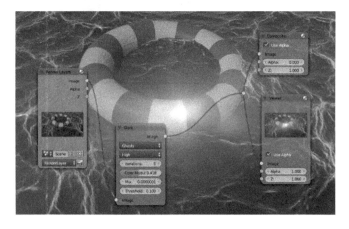

fig. 457 il nodo *Glare* impostato su *Ghost* genera un bagliore forte, nell'esempio, un colpo di *flash*

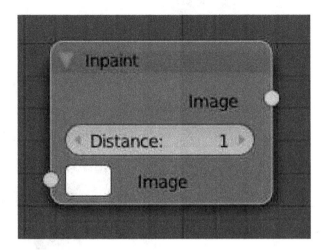

fig. 458 il nodo *Inpaint*

Questo nodo genera un algoritmo utile per eliminare elementi indesiderati dall'immagine. Si pensi, ad esempio, ai moderni *software* di fotoritocco utili per *pulire* le vecchie foto, eliminando sporcature e graffi.

Il processo funziona espandendo e duplicando ogni *pixel* in modo da generare un'immagine più sfumata, in grado di coprire le sporcature.

Il parametro *Distance* definisce di quanti *pixel* verrà ampliata l'immagine.

Questo filtro utilizzato in cascata dopo il nodo *Set Alpha*, è in grado, per un valore pari a 1 del parametro *Distance*, di fungere come maschera tra l'immagine originale e una seconda immagine; mentre per un valore *Distance* più elevato, di ottenere effetti particolari, come nelle due immagini successive.

fig. 459 in questa configurazione di nodi, impostando *Distance* = 1, si ottiene una maschera sull'immagine

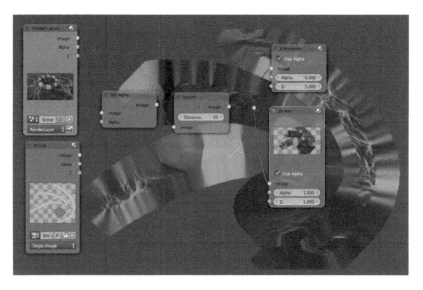

fig. 460 in questa configurazione di nodi, impostando *Distance* = 53, si ottiene una maschera sull'immagine dalla forma interessante

fig. 461 il nodo *Directional Blur*

Questo effetto genera delle copie sfocate dall'originale e le sovrappone secondo alcuni parametri che definiscono lo spostamento, la rotazione e la ripetizione delle copie.

Iterations determina il numero delle ripetizioni.

X e *Y* definiscono l'*offset* delle copie dall'immagine precedente.

Distance e Angle regolano rispettivamente la distanza dall'originale e la rotazione delle copie.

Zoom e *Spin* determinano l'ingrandimento e l'avvitamento delle copie rispetto all'originale.

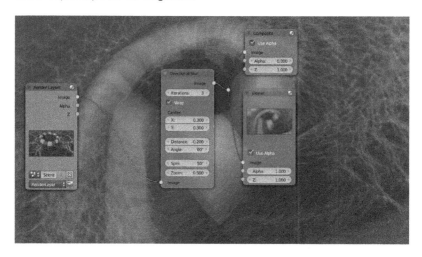

fig. 462 l'effetto forzato del filtro *Directional Blur*

PIXELATE

fig. 463 il nodo *Pixelate*

400

Questo nodo si utilizza interponendolo tra due nodi *Scale* (che vedremo più avanti) in cascata tra la sorgente e il nodo *output*.

Genera una rasterizzazione grossolana dell'immagine, detta appunto *pixelate*.

fig. 464 effetto del nodo *Pixelate* interposto tra due nodi *Scale*

SUN BEAMS

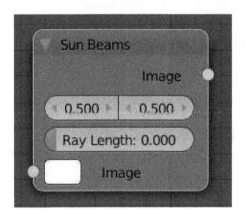

fig. 465 il nodo *Sun Beams*

401

Sun Beams è un effetto 2D per simulare l'effetto di luce intensa dispersa in un mezzo, come, ad esempio, il vetro. Questo fenomeno può essere creato anche direttamente in fase di *rendering*, ma l'illuminazione volumetrica è un argomento piuttosto arduo e necessita di tante risorse e tanto tempo di elaborazione. In questi casi il nodo fornisce un modo conveniente, dal punto di vista dei calcoli, di creare un effetto convincente basato sulla sola luminosità dell'immagine.

Il metodo migliore è quello di creare una maschera sull'immagine entro la quale l'effetto avrà luogo, oppure renderizzare in *render layer* differenti le zone da irradiare (come le finestre in controluce, ad esempio) e quelle da tralasciare.

Sarà quindi necessario sommare o sovrapporre l'immagine originale con quella effettata, con un semplice "Add".

fig. 466 effetto del nodo *Sun Beam* sulle finestre

5.3.6. Nodi *Vector*

Questo gruppo di nodi contiene gli stessi già analizzati in precedenza nel capitolo *Cycles* del secondo volume.

Essi consentono di effettuare delle trasformazioni sull'immagine, dilatandole, ruotandole o riflettendole secondo determinati parametri.

Rimandiamo, anche in questo caso la trattazione al volume 2 di questa collana.

I nodi *Vector* disponibili sono: *Normal*, *Map Value*, *Map Range*, *Normalize* e *Vector Curve*.

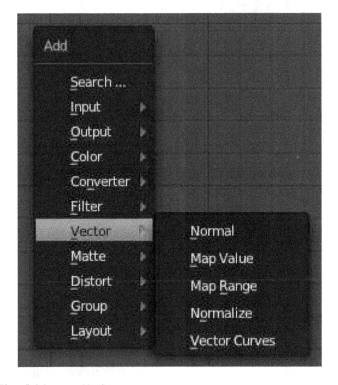

fig. 467 i nodi del gruppo *Vector*

403

5.3.7. Nodi *Matte*

In questo gruppo sono presenti 12 nodi che servono per generare delle maschere di opacità al fine di variare la trasparenza dei vari *pixel* a seconda di alcuni parametri come la luminosità o il canale.

fig. 468 i nodi del gruppo *Matte*

Oltre a filtrare l'immagine, attraverso il *socket* in uscita *Matte*, questi nodi restituiscono un'immagine con il canale di trasparenza *Alpha* creato dall'elaborazione.

Questi due nodi sono utili nel *Camera Tracking* e nel *Motion Capture* (vedi volume 4) per definire la sostituzione di una gamma di colori, come ad esempio il *green screen* di un'immagine o un video.

Questo concetto verrà trattato successivamente.

fig. 469 il nodo *Keying*

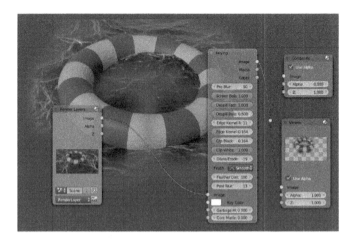

fig. 470 effetto alone sfumato dell'immagine con l'uso del nodo *Keying*

CHANNEL KEY

fig. 471 il nodo *Channel Key*

406

Il nodo *Channel Key* ridefinisce la colorazione degli oggetti di sfondo e degli oggetti in primo piano, a seconda del canale colore selezionato. Per esempio nello spazio colore YUV, questo è utile in caso si intenda ricreare effetti di *stock footage* di esplosioni (molto luminosi) che sono normalmente generati contro un solido a sfondo scuro.

Una volta definito il *Color Space* tra RGB, HSV, YOU e YCbC, si procede con la selezione del canale specifico e si applica l'algoritmo desiderato dal menu *Algorithm*.

I parametri *High* e *Low* definiscono i valori di modifica del canale.

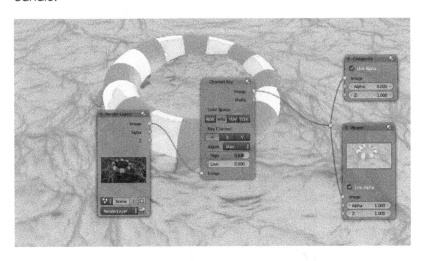

fig. 472 uno degli utilizzi del nodo *Channel Key*

COLOR SPILL

Il nodo *Color Spill* riduce uno dei canali RGB in modo che non risulti più presente rispetto agli altri. Questo è comune durante la composizione immagini scattate di fronte a uno schermo verde o blu.

407

In alcuni casi, se l'oggetto in primo piano è parzialmente riflettente, mostrerà il colore verde o blu riflesso dallo sfondo. Se la luce proviene da un lato o da dietro, e l'oggetto in primo piano è di colore bianco, è possibile ottenere l'eliminazione del verde o del blu solo dallo sfondo, mantenendo in vita i riflessi sull'oggetto in primo piano.

I parametri sono simili a quelli del nodo precedente. È possibile selezionare uno dei colori rosso, verde o blu (RGB), selezionare l'algoritmo di calcolo e specificare i limiti del canale RGB col parametro *Ratio*.

La spunta *Unspill* permette regolazioni fini, mentre *Fac* bilancia l'immagine originale con quella modificata.

fig. 473 il nodo *Color Spill*

Nell'esempio sottostante, il colore rosso è stato eliminato e sostituito dal nero, ma i riflessi rossastri sono rimasti invariati.

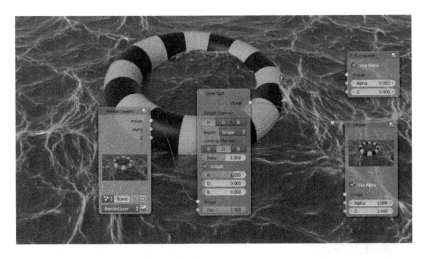

fig. 474 una applicazione del nodo *Color Spill*

BOX MASK

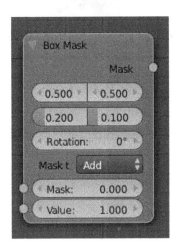

fig. 475 il nodo *Box Mask*

Questo nodo crea una maschera rettangolare, utile per ritagliare l'immagine.

Associata a un nodo Mix Multiply, sul quale è connesso anche il Render Layer con l'immagine originale, crea una zona d'ombra rettangolare esterna, che all'occorrenza può essere anche sfumata con l'uso di un nodo Blur, come vedremo per il nodo successivo, dal funzionamento molto simile.

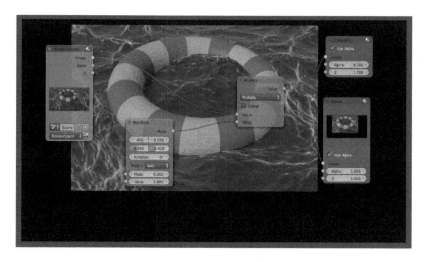

fig. 476 il nodo Box Mask, associato a un Mix Multiply ritaglia l'immagine all'interno di un'area rettangolare

I parametri disponibili sono piuttosto intuitivi.

X e Y traslano in orizzontale e verticale la maschera ellittica.

Width e Height dimensionano la maschera in funzione dell'immagine.

Rotation esprime, in gradi, la rotazione della maschera.

Mask Type definisce il tipo di comportamento della maschera, scelto tra Add (aggiungi), Multiply (moltiplica), Subtract (sottrai) e None (nessuna maschera).

410

I cursori *Mask* e *Value*, definiti da valori tra 0 e 1, o, eventualmente, da configurazioni di nodi esterne, determinano il bilanciamento fra la maschera e l'immagine di fondo.

ELLIPSE MASK

Questo nodo crea una maschera ellittica, molto utile a contribuire nel ricreare, fra le altre cose, la tipica vignettatura delle foto di una volta, in cui gli angoli mostravano aree più in ombra.

Il nodo *Ellipse Mask* contribuisce a definire le aree interessate 8al di fuori della maschera) e quelle libere da ogni modifica.

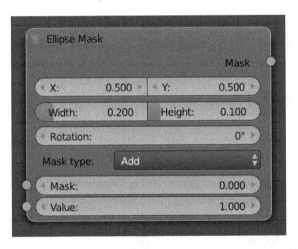

fig. 477 il nodo *Ellipse Mask*

I parametri sono gli stessi del nodo *Box Mask:*.

X e *Y* traslano in orizzontale e verticale la maschera ellittica.

Width e *Height* dimensionano la maschera in funzione dell'immagine.

Rotation esprime, in gradi, la rotazione della maschera.

411

Mask Type definisce il tipo di comportamento della maschera, scelto tra Add (aggiungi), Multiply (moltiplica), Subtract (sottrai) e None (nessuna maschera).

I cursori Mask e Value, definiti da valori tra 0 e 1, o, eventualmente, da configurazioni di nodi esterne, determinano il bilanciamento fra la maschera e l'immagine di fondo.

 ESERCIZIO n. 32: VIGNETTATURA

Per ricreare l'effetto della vignettatura in una immagine, si proceda aggiungendo un nodo Ellipse Mask nel Node Editor, impostando le dimensioni Width a 1 e Height a 0.56, nel caso della nostra immagine a 1920 x 1080 pixel.

Aggiunto un nodo Converter Mix impostato su Multiply è necessario interporlo fra il Render Layer e l'output attraverso il socket superiore di ingresso.

Il nodo Ellipse Mask va inserito sul socket inferiore del Multiply, frapponendo fra essi un Blur.

Regolando i parametri del Blur (Fast Gaussian), le aree angolari risulteranno più scure.

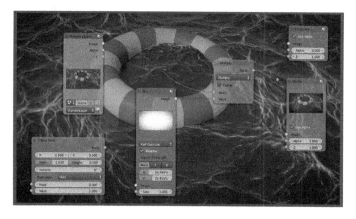

fig. 478 configurazione dei nodi per ricreare l'effetto di vignettatura su un'immagine

LUMINANCE KEY

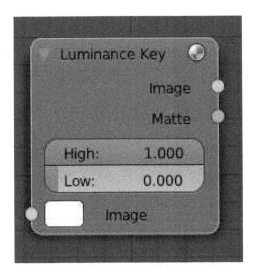

fig. 479 il nodo *Luminance Key*

Questo nodo regola la luminanza di un'immagine agendo sui toni alti (*High*) e bassi (*Low*) della luce.

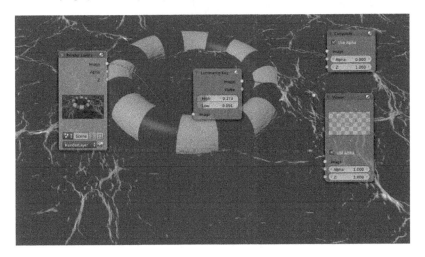

fig. 480 effetto (esasperato) della regolazione della luminanza

413

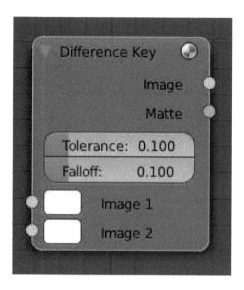

fig. 481 il nodo *Difference Key*

Difference Key determina le differenze, al di sotto di una soglia definita dall'utente, tra due colori o due immagini in ingresso, per le quali i pixel siano considerati trasparenti. La prima l'immagine è quella di riferimento per il *keying*. Il colore chiave può essere inserito come valore RGB o selezionato con il selettore colore facendo clic sulla tavolozza.

È possibile regolare la tolleranza (*Tolerance*) in modo individuale per ogni colore. Quando il valore di decadimento è alto, i *pixel* che si trovano vicino al colore chiave sono più trasparenti rispetto a quelli che non sono così vicini al colore chiave (ma ancora considerati abbastanza vicino per essere digitato).

Quando il valore di decadimento (*Falloff*) è basso, non importa quanto vicino il colore dei *pixel* sia prossimo al colore chiave, poiché risulterà in ogni caso trasparente.

414

fig. 482 il nodo *Distance Key*

Distance key è molto simile a *Difference key*, ma, mentre *Difference Key* mette a confronto il colore di ciascun *pixel* fra due colori o immagini e agiva per sottrazione, ottenendo un valore prossimo alla trasparenza, *Distance Key*, agisce sulla differenza del valore assoluto dei parametri del *pixel* che possono essere definiti in modalità RGB o YCC.

CHROMA KEY

Il nodo *Chroma Key* considera alcune zone dell'immagine connessa al *socket* in ingresso superiore, come trasparenti, secondo il colore definito dal secondo *socket*.

415

fig. 483 il nodo *Chroma Key*

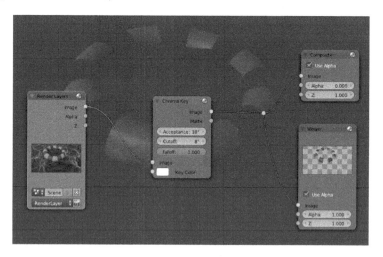

fig. 484 rimozione dell'oceano con l'utilizzo del nodo *Chroma Key*

Si tratta in definitiva di un filtro che elimina un determinato colore, secondo le soglie *Acceptance* (la tolleranza) che compara *pixel* di colore simili; e *Cutoff*, che determina quando due *pixel*

416

devono essere considerati dello stesso colore, in modo da essere resi trasparenti.

Falloff è un valore di decadimento, che bilancia l'immagine originale con l'effetto ottenuto dal nodo.

Una applicazione tipica per l'utilizzo di questo nodo è la rimozione del *green screen* da una immagine o un video.

COLOR KEY

Questo è un nodo molto semplice che restituisce una mappatura *alpha* all'immagine assegnata al *socket* superiore in ingresso, confrontandola con il colore (o una seconda immagine) associata al *socket* inferiore.

I *pixel* verranno considerati trasparenti o parzialmente trasparenti a seconda della distanza dai colori di confronto (tavolozza o *socket* inferiore).

La tolleranza di confronto viene regolata dai tra parametri H (*Hue*, tonalità), S (*Saturation*, saturazione) e V (*Value*, intensità).

fig. 485 il nodo *Color Key*

417

DOUBLE EDGE MASK

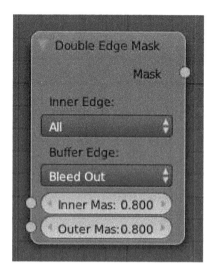

fig. 486 il nodo *Double Edge Mask*

Questo ultimo nodo del gruppo *Matte* permette la creazione dinamica con doppia maschera definita dall'utente: una maschera interna del canale di ingresso e una maschera esterna, attraverso un gradiente.

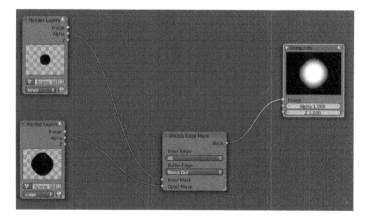

fig. 487 schema dei nodi per la creazione di effetti a doppia maschera

La maschera non deve essere prossima al bordo dell'immagine, per non creare errori di visualizzazione e di calcolo.

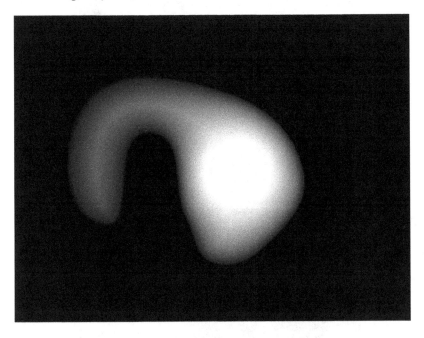

fig. 488 esempio dell'effetto prodotto dal nodo *Double Edge Mask*

5.3.8. Nodi *Distort*

I nodi che compongono questo gruppo servono a distorcere e trasformare l'immagine sulla quale sono applicati.

Blender ci mette a disposizione ben 13 nodi di questa tipologia, che andremo a spiegare uno per uno nelle prossime pagine, coadiuvandoci, come sempre, da alcuni esempi di utilizzo.

fig. 489 i nodi del gruppo *Distort*

SCALE

Come dice il nome stesso di questo nodo, *Scale* serve semplicemente per scalare l'immagine su esso applicata, nelle direzioni x e y, secondo la metodologia indicata nel menu a tendina *Space*.

420

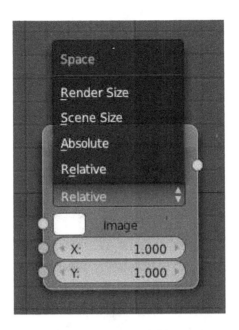

fig. 490 il nodo *Scale*

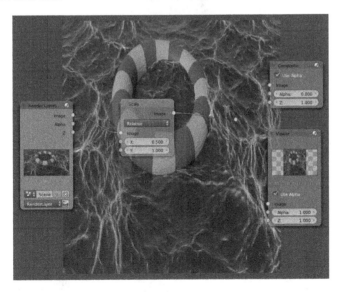

fig. 491 scalatura *relativa* dell'immagine nella sola direzione x

421

LENS DISTORTION

Questo nodo è utile per aggiungere una distorsione alla lente, ottenendo ad esempio un effetto di *fish eye* piuttosto che una dinamica esplosione dei colori.

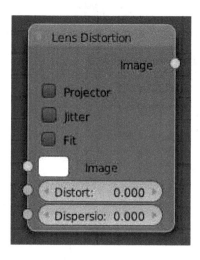

fig. 492 il nodo *Lens Distortion*

L'immagine deve essere inserita nel *socket* in ingresso *Image*, mentre la distorsione viene regolata dal parametro *Distortion*.

Il parametro *Dispersion* regola quella che viene detta aberrazione cromatica.

La qualità dell'effetto viene invece definita dalla spunta *Jitter*, che aggiunge del rumore alla distorsione applicando dei processi di calcolo casuale sui canali RGB.

Fit riscala automaticamente l'immagine adattandola alle dimensioni originali dopo l'applicazione dell'effetto.

Projector, infine disattiva la distorsione permettendo un *offset* in senso orizzontale secondo i canali RGB, come se fosse un proiettore mal calibrato.

422

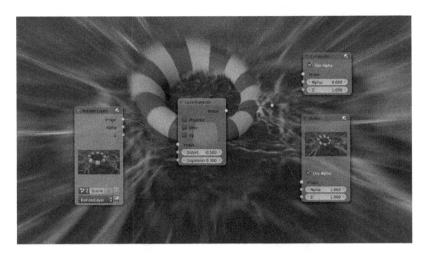

fig. 493 distorsione della lente con aberrazione del colore

MOVIE DISTORTION

Questo nodo consente di regolare la distorsione di un filmato caricato al suo interno intervenendo secondo l'opzione *Distort* o *Undistort* nel menu a tendina.

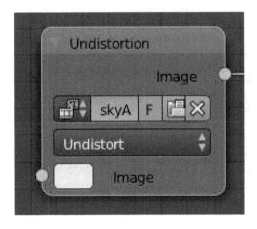

fig. 494 il nodo *Movie Distort*

423

TRANSLATE

Questo nodo è utile per traslare in direzione x e y l'immagine.

fig. 495 il nodo *Translate*

Spuntando *Relative*, dal menu *Wrapp* è possibile ottenere una sorta di *split array* dell'immagine, ottenendo un effetto di *texture* ripetuta.

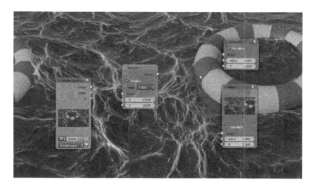

fig. 496 effetto *split array* della traslazione dell'immagine

ROTATE

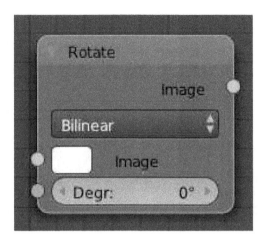

fig. 497 il nodo *Rotate*

Rotate serve sostanzialmente a ruotare dei gradi indicati nel contatore *Degree* l'immagine connessa al nodo *Image* secondo il filtro specificato nel menu *Filter*.

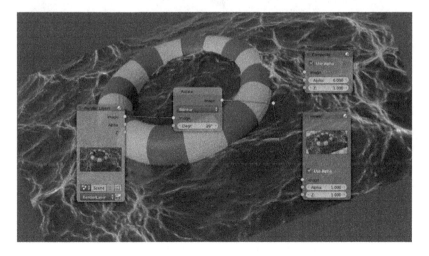

fig. 498 immagine ruotata con il nodo *Rotate*

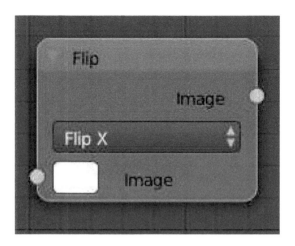

fig. 499 il nodo *Flip*

Flip specchia un'immagine applicata al *socket Image* rispetto all'asse *x*, *y* o entrambi.

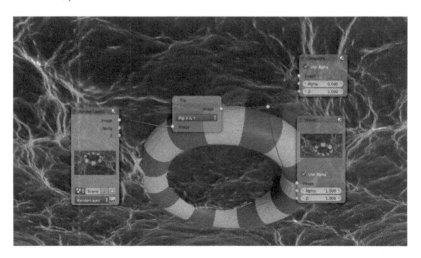

fig. 500 l'effetto della specchiatura dell'immagine rispetto agli assi *x* e *y*

CROP

fig. 501 il nodo *Crop*

Crop effettua un ritaglio dell'immagine definito (in *pixel*) dai parametri *Left, Right, Up* e *Down*.

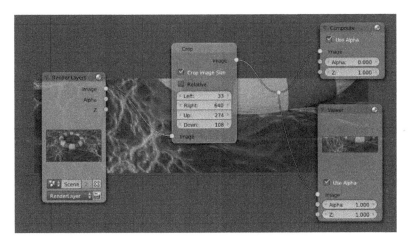

fig. 502 il risultato del *Crop*

427

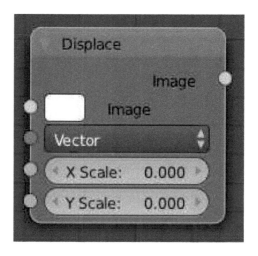

fig. 503 il nodo *Displace*

Questo nodo serve a traslare i *pixel* dell'immagine ad esso connesso tramite il *socket Image*, secondo i valori di un'immagine a scala di grigi connessa al menu *Vector* che definisce lo spostamento il x, y e z.

X e *Y* permettono di accentuare l'effetto di *displacement* nelle due direzioni.

MAP UV

Questo nodo consente di applicare una nuova *texture* su un'immagine già renderizzata, sostituendo le *texture* presenti.

L'immagine originale va collegata al *socket* in ingresso *UV*, dopo aver attivato l'opzione *UV* nel *Passe* del *tab Render Layer*.

La *texture*, invece va connessa all'ingresso *Image*.

fig. 504 il nodo *Map UV*

Affinché venga sostituita solo la *texture* desiderata, è necessario che il *rendering* sia stato effettuato con almeno 2 *render layer*, in modo da modificare esclusivamente la *texture* all'oggetto nel *render layer* desiderato, oppure, inserendo un nodo *ID Mask*, è possibile isolare dalla scena la regione destinata alla sostituzione della *texture*.

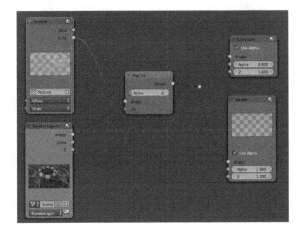

fig. 505 configurazione base con il nodo *Map UV*

TRANSFORM

Transform è un comodo nodo che contiene contemporaneamente tutte e tre le modalità di trasformazione *Translate*, *Rotate* e *Scale*.

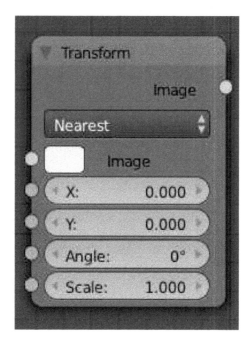

fig. 506 il nodo *Transform*

STABILIZE 2D E PLANE TRACK DEFORM

Questi due nodi sono utile per la stabilizzazione di un'immagine 2D, grazie all'utilizzo di punti chiave, in ambiente *Motion Tracking*, argomento, questo, che vedremo successivamente nel quarto volume di questa collana.

430

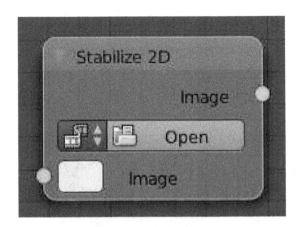

fig. 507 il nodo *Stabilize 2D*

fig. 508 il nodo *Plane Track Deform*

431

fig. 509 il nodo *Corner Pin*

Questo nodo serve per smussare gli angoli dell'immagine secondo i parametri x, y e z definiti nei menu *Upper Left, Upper Right, Lower Left* e *Lower Right*.

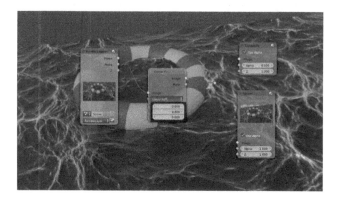

fig. 510 un taglio netto in alto a sinistra dell'immagine

432

5.3.9. i nodi *Group*

Questi nodi (*Make Group* e *Ungroup*) consentono di gestire il raggruppamento dei nodi, come già visto per l'ambiente *material* in *Cycles*.

Rimandiamo pertanto la trattazione nel capitolo *Cycles* del secondo volume.

5.3.10. i nodi *Layout*

Anche la trattazione su questo gruppo di nodi è stata già fatta nel medesimo capitolo del volume 2.

6

RAGGRUPPARE GLI OGGETTI E CARICARE I GRUPPI IN ALTRI PROGETTI

6.1. Raggruppare gli oggetti

In questo breve capitolo vedremo, con un esempio pratico, come si raggruppano gli oggetti, a cosa serve creare i gruppi e come richiamarli da un progetto all'altro.

Abbiamo, in precedenza, visto come imparentare tra loro gli oggetti. Ad esempio un tavolo e le sedie, concatenate ad un *Empty*, ci permette di facilitare lo spostamento, la scalatura e la rotazione agendo direttamente sull'*Empty* stesso.

Tuttavia, rimangono oggetti divisi, concettualmente separati benché dipendenti gli uni dall'altro.

Con i gruppi, invece, gli oggetti diverranno una cosa sola dal punto di vista della selezione, delle trasformazioni e delle modifiche, ma manterranno la loro identità individuale, anche all'interno del gruppo.

 ESERCIZIO n. 33: CREARE UN GRUPPO DI OGGETTI

In questo esercizio impareremo a raggruppare gli oggetti, utilizzando la finestra *Outliner*.

Costruiamo un tavolo con quattro sedie ed un eventuale oggetto posizionato su esso, ad esempio un vaso.

Rinominiamo i vari oggetti, in modo che possano essere facilmente individuabili, anche all'interno del gruppo.

Naturalmente potrete sperimentare il raggruppamento di oggetti su *mesh* di vostra creazione.

fig. 511 il tavolo con le 4 sedie e il vaso

Selezioniamo il tavolo e entriamo in *Edit Mode*.

Selezioniamo le facce alla base delle 4 gambe e digitiamo SHIF + S per posizionare al centro di esse il *3D Cursor*.

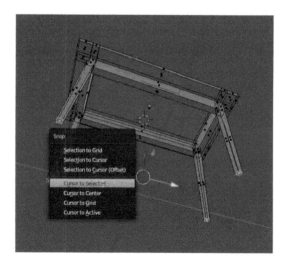

fig. 512 posizionamento del *3D Cursor* al centro delle gambe, alla base del tavolo

438

La posizione del *3D Cursor* sarà il punto in cui inseriremo in *Object Mode* un oggetto *Empty*. Questo servirà come *"maniglia"* e come elemento principale dell'intero gruppo composto da tutti gli oggetti.

Inseriamo l'*Empty* in corrispondenza del *3D Cursor*.

fig. 513 inserimento dell'oggetto *Empty*

A questo punto dovremmo **imparentare** il tavolo, le sedie e il vaso all'*Empty*. Abbiamo già imparato nel volume 2, il modo di imparentare degli oggetti tra loro.

Un metodo ancora più rapido è quello di utilizzare la finestra *Outliner*, in cui sono contenuti tutti gli oggetti della scena.

Basterà semplicemente trascinare i nomi degli oggetti sul nome dell'*Empty*, come se si stessero spostando dei *file* in una cartella.

A questo punto, tavolo, sedie e vaso, saranno direttamente legati e dipendenti dall'*Empty*, e inseriti in cascata al suo interno.

Possiamo rinominare l'oggetto *Empty* come *"tavolo e sedie"*, se lo desideriamo, in modo da poterlo riconoscere immediatamente.

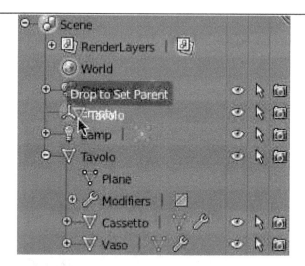

fig. 514 trascinamento degli oggetti sull'*Empty* nell'*Outliner*

Automaticamente, spostando, ruotando o scalando *Empty*, tutti gli oggetti ad esso imparentati si adatteranno con la stessa trasformazione.

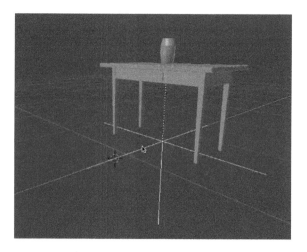

fig. 515 le trasformazioni sull'*Empty* influiscono su tutto il gruppo

A questo punto, dopo aver imparentato gli oggetti all'*Empty* dovremo raggrupparli in un'unica entità.

Selezioniamo tutti gli oggetti con CTRL + A e digitiamo CTRL + G per creare un gruppo.

Nella 3D view, il contorno degli oggetti facenti parte il gruppo, si colorerà di verde.

fig. 516 creazione del gruppo

Il gruppo potrà essere rinominato dalla regione in basso nella *Tools Shelf*.

fig. 517 regione riepilogativa delle opzioni del gruppo

Salviamo infine il *file* in cui è presente il gruppo.

6.2. Append

I gruppi sono molto utili per essere utilizzati nei sistemi particellari, tra le altre cose, ma anche per poter essere richiamati ed inseriti integralmente in altri progetti esistenti.

Per fare questo è sufficiente richiamare un gruppo esistente con il comando **Append**, che si trova nel menu *File* della finestra *Info*, o digitando SHIFT + F1.

fig. 518 *Append*

Una volta cliccato sull'opzione *Append*, si aprirà il *browser* di Blender, dal quale sarà possibile cercare il *file* contenente il gruppo.

Ogni *file* di Blender contiene tutte le informazioni relative agli oggetti in esso contenuti. Questo informazioni sono contenute in cartelle specifiche separate, nascoste all'interno del *file* *.blend*.

La cartella che ci interessa per poter inserire un gruppo è detta *Group*.

fig. 519 le cartelle contenute in un file *.blend*

All'interno della cartella *Group* troviamo il file con il nome del gruppo, che potremo richiamare.

Esso verrà automaticamente inserito anche nel nuovo *Outliner* nella stessa struttura originale.

7
PER CONCLUDERE

7.1. Conclusioni e ringraziamenti

Desidero ringraziare tutti quanti coloro hanno contribuito alla realizzazione di questo terzo volume di **Blender - la guida definitiva**, la mia famiglia, ai collaboratori, agli amici che mi hanno supportato e consigliato, quali, tra tutti, Francesco Andresciani (a cui devo l'aiuto nella stesura di alcuni nodi del Compositing, sull'esercitazione del proiettile e sul capitolo dei gruppi), al 3D artist Oliver Villar Diz, ideatore del sito www.blendtuts.com e dell'idea dell'immagine di copertina che ho realizzato in base al suo progetto, allo staff di Blender Italia, nostro sponsor ufficiale, rappresentato da Dario Caffoni e Alfonso Annarumma, ovviamente tutta la Blender Community e la Blender Foundation, le persone che seguono me e il sito www.blenderhighschool.it, nonché tutti i miei editori di Area 51 Editore che hanno creduto in questo progetto: Simone, Valentina, Enrico e Silvia.

Desidero dedicare a tutti loro il successo di quest'opera.

Grazie.

Andrea

7.2. Bibliografia di supporto

Per la stesura di questo primo volume sono state consultate le seguenti fonti cartacee e digitali:

- Francesco Siddi - Grafica 3D con Blender - Apogeo 2015

- Oliver Villar Diz - Learning Blender - Addison Wesley 2015

- Andrea Coppola / Francesco Andresciani - Blender - Area 51 Publishing 2013-2015

- Francesco Andresciani - Blender: le basi per tutti - Area 51 Publishing 2014

- Gabriele Falco - Blender 2.7 Grafica e Animazione 3D - 2014

- Gordon Fisher - Blender 3D Basics - PACKT Publishing 2014

- John M. Blain - Blender Graphincs Computer Modeling & Animation - CRC Press 2012

- Ben Simonds - Blender Master Class - 2012

- Andrea Coppola - Blender Videocorso (modulo base e intermedio) - Area 51 Publishing - 2014-2015

- Andrew Price - The Architecture Academy – 2014

- Andrew Price – The Grass Essential – 2015

Sono inoltre stati consultati i seguenti siti internet:

www. blender.org (Cloud)

www.blenderguru.com

www. blendtuts.com

www.francescomilanese.com

www.blenderclick.it

www.blender.it

cgcookie.com/blender

www.blenderhighschool.it

7.3. Nota sull'Autore

Andrea Coppola, classe '71, è un professionista poliedrico: architetto, *designer*, 3D *artist* e costruttore (e parecchi anni fa anche musicista arrangiatore e produttore).

Vive dividendosi tra Roma (dove si occupa di architettura di interni e design e di training) e il Kenya (dove ha progettato e realizzato cinque residence di ville a Watamu: (consultabili sul sito www.lamiacasainkenya.com). In Kenya è anche socio fondatore della società di costruzioni Hendon Properties Ltd.

Titolare e fondatore dello studio di architettura di Roma L.A.A.R. (www.laboratoriodiarchitettura.info), ha lavorato e lavora tuttora come progettista di interni e designer (avendo progettato, tra l'altro, i due modelli di cucina "Nairobi" e "Skin" per Reval Cucine s.r.l. e la sedia "Cra Cra" per Art Leather).

Ha inoltre lavorato come coordinatore per la sicurezza nei cantieri edili (C.S.E.) e come assistente universitario presso la facoltà di Architettura di Roma "La Sapienza", insegnando in alcuni master.

Appassionato di computer grafica e in particolare di Blender, tiene regolarmente corsi, attraverso il sito www.blenderhighschool.it, uno dei principali riferimenti italiani di Blender e partner ufficiale di Blender Italia (www.blender.it). In questo sito, connesso con www.blenderclick.it (gestito con Francesco Andresciani), l'Autore cerca di dare il personale contributo alla causa di Blender, grazie alla sua versatilità, offrendo tutorial, trucchi, libri e prodotti gratuiti e/o a pagamento, oltre a servizi di modellazione e *rendering*.

Come consulente ha realizzato dei cataloghi per aziende di cucine (insieme ad Alan Zirpoli) e per la Mars Society di Bergamo, un progetto interattivo utilizzando le reali mappe del pianeta rosso fornite dalla NASA (con Francesco Andresciani).

Oltre a questa opera, ha pubblicato 8 e-book su Blender, 1 sulla stampa 3D, 10 videocorsi, una Academy a tema (Thematic Academy) su Blender; 3 e-book su Autocad; 1 corso di fonia e 1 *thriller* ("L'Altra Specie"), tutti editi da Area 51 Editore di Bologna (www.area51editore.com).

Per contatti:
blenderhighschool@gmail.com
www.blenderhighschool.it

www.lulu.com